Grief Works

Stories of Life, Death and Surviving

悲傷練習

朱莉亞・山繆——著
Julia Samuel

羅亞琪——譯

第3篇——無法一起長大的手足

第4篇——孩子，下輩子再當我的天使

第5篇——如果我即將離開

選書筆記／陪著你，從最深沉的傷痛走出來

即便有千萬分的抗拒，還是有人無法抵擋那些令人心碎的意外，摧毀了原先幸福美好的日常。無論是守在病榻旁的早有預期，抑或是一通電話的突如其來，那股頓失所依的心痛，都同樣沉重得難以衡量——我們反覆複習再也不會新增的對話紀錄，擁抱味道早已消散的遺留衣物，甚至習慣性地又為對方留下一副碗筷，卻只是讓心痛的份量不斷加重……

這正是為什麼，悲傷需要練習。曾任二十五年悲痛輔導師的本書作者，見證過諸多從悲傷中重生的歷程，她深信想念不會停止，痛苦不會消弭，但我們絕對可以帶著這份心痛，擁抱未來幸福的可能。還在問著自己該怎麼走出來、該怎麼面對與調適的你，本書將會陪著你與你的想念，勇敢地走下去。

黃鈺雯
《悲傷練習》企畫選書

推薦序／在生命的長流中總有下雨的時候

很高興有《悲傷練習》這樣的書籍出版，相信這本書能夠使許多悲傷者感動且從中獲益。過去三十年間，我面對外婆溺水、姊姊自殺、外公及奶奶慢性病身亡，而我的母親也在去年，僅六十一歲就因嚴重急症過世，我至今仍哀慟不已。我看到本書中非常好的一段實作，相信能幫助喪親者在極痛中幫助自己。

- 十分鐘寫下在內心不斷迴旋的一切
- 十分鐘冥想
- 二十分鐘跑步
- 二十分鐘看或讀好笑的東西

在生命的長流中總有下雨的時候，誰都無法逃避喪親的失落悲傷，但願《悲傷練習》一書能成為你我心中的一把雨傘。

呂欣芹
台灣失落關懷與諮商協會理事

推薦序／給悲傷一點時間

談論和面對「死亡」，從來就不是一件容易的事情。

《悲傷練習》是一本英國籍心理治療師撰寫的書籍。作者透過一個又一個的案例，試著帶領我們從個案的生命故事裡，一同走進他們獨有的、與悲傷共處及分離的歷程。全書圍繞著「喪慟」歷程著眼，這是一種面對失去時會有的情感反應。當然，這些反應除了表現在情感上，也會反映在個體的各個層面，如生理、認知、行為等。

「死亡結束了一個生命，卻沒有結束一段關係。」

書中的這段話，讓我想到自己在從事助人工作時，曾經遇到一位讓我印象特別深刻的婆婆。老人家安安靜靜的，話不多；她滿頭白髮，但看得出有用心打理。我和她隨意聊著，突然她眼眶紅了，小聲地說：「他留下我，就回家了。」

當我還在想那是什麼意思的時候，望向她的眼，看到她哀傷的眼神，我瞬間懂了；她說的，是她的另一伴。

他走了，留下她和很多、很深的遺憾，而那些遺憾隱藏在她深深的嘆息和怨懟裡。憂思並未隨著他的死亡而結束，他和她的關係仍然持續，而且很深、很長。

她怪他，為什麼任何交代都沒有留下就離開？她罵他，留下的那些回憶太美好，好到想起時就刺骨錐心；她想他，她其實知道愛就藏在回憶裡的任何地方；她愛他，即使很多記憶都漸漸模糊了，但相愛的點滴，她都記得清清楚楚……

「有機會說出我們要說的……在死前和死後，都是一種很關鍵的慰藉。」

婆婆的先生是心肌梗塞突然走的，沒機會特別交代什麼，但他能做的，其實都表現在日常生活裡了，不然婆婆不會記得那麼清楚，就像呼吸一樣自然。婆婆的喪慟反應我能理解，只是這種痛誠如《悲傷練習》的作者所說，有它自己的進程。我們無法催它快一點結束，只能靜靜地陪伴生者，接受喪慟可能有的各種形式和面向，並盡可能幫助處於這個過程中的人，自己從痛苦中長出力量，逐漸走向復原。

喪慟時間的長短及過程中帶來的感受，每個人都不一樣。書中提到一位喪子的母親說過的話，如實地傳達了她的感覺：「永遠不可能忘記，只能接受；永遠不可能走開，只能向前走。你漸漸開始感受這樣的失去帶來的痛楚，然後開始非常、非常緩慢地接受。」

在關係裡，不管是愛得太深、或者恨得太重，一旦面臨死亡，這段過程都會直接、間接地影響關係人接下來如何調適往後的日子。面對他人的哀傷，我們能做的其實很有限，因為我們終究無法真真切切、完全地碰觸到他們心中的痛。我們能做的就是提供支持和陪伴，然後等待——等待他們終於能夠接納自己的感受，然後從傷痛中調適、復原，找到重新面對人生的力量。

愛一個人需要時間，悲傷也是。不要強迫別人盡快結束喪慟，給悲傷一點時間，讓傷痛有機會被撫平。

李郁琳
心理勵志作家

推薦序／悲傷總是不請自來，與生命如影隨行！

多數人都希望今生今世可以終日歡笑，但悲傷總像不速之客乘著疾病與意外而不請自來。對於未來必然會面臨的生離死別而導致的悲傷，不趁早做「悲傷練習」，就好像高中生即將面對聯考或學測，卻不多做幾次「模擬考」一樣的不智。

一般人不願意談論死亡，「害怕這樣會帶來厄運」，迷信地認為提到「死」這個字會喚醒惡魔或死神，把死亡帶給親人。我卻認為：假如不說「死」就永遠不會死，或者說「死」就會提早死，當然可以絕口不提一直到死。可是明明就不可能是這樣，請問你有什麼好怕的？俗話說：「無禁無忌吃百二（台語）」！

《悲傷練習》書中提到：「我們必須格外注意喪親的兒童，確保他們不會一生受到折磨。許多成人誤以為保護兒童比告知他們真相還要好，但其實反過來才是對的。」、「兒童必須獲得和成人一樣多的資訊，而這些資訊應該以適齡、具體的語言傳達。」、「真相無論有多困難，總是比謊言好，這也表示孩子可以信賴父母。」

其實，不只是孩子需要被大人或家長誠實對待，末期病人也需要家屬願意誠實告知病情，才能把握生命的最後時光，去進行臨終三大事：交代後事、完成心願、了結心事。畢竟「誠實最為上策」！可是台灣社會的家長或家屬多半都是「以善意為壓迫」，把「我是為他好」當成理由，卻同時也是用來「逃避面對悲傷」的藉口。

作者在《悲傷練習》書中說：「我發覺，我們面對生命的模樣就是我們面對死亡的模樣，只是或許更強烈了點。」我舉例說：例如佛教徒，想要死後到「西方極樂世界」，很像一棵樹希望被砍倒時往西方倒下，就要在活著的時候盡量朝向西方生長，往西方多偏一點，萬一被砍倒時，就有比較大的機會可以倒向西方去。

我的恩師余德慧教授說：「死亡是關係的斷裂。人活在關係之中，也會死在關係之中。」死別是人間的關係被迫斷裂，因此必然會悲傷。我說：「因為有愛，所以悲傷。」既然總有一天，最好是漸進式的由「他死」、「你死」而抵達「我死」，就必須給孩子和社會大眾打「心理上的預防針」，或者提早培養「生離死別的免疫力」。

我常說「壓垮駱駝的最後一根稻草」，問題從來都不是出在那根稻草，而是前面累積太多的壓力和重量，只要再多一點點就垮了。如果不明白自己有多少「未完成的悲傷」或「隱藏起來的悲傷」，就很容易到達悲傷情緒崩潰的邊緣，正如我對家屬解釋：「末期病人的病情就像走在懸崖邊上，表面看來穩定，隨時踏錯一步就掉下懸崖。」

《悲傷練習》還說：「有趣的是，人們就算不相信上帝真實存在，事情不順遂時，仍會向神明尋求幫助；人類似乎真的有種本能，會向比我們更高的力量求助。」那是因為「人一定勝不了天」，可是教育卻教我們「人定勝天」，直到能力無法對抗自然法則，只好被迫承認有更高的主宰，不論是稱為「上帝」、「佛祖」或「老天爺」。

據說西藏密宗的修行方法有：「祈請常住在永恆的悲哀之中！」我說：「我根本無需祈請，早就已經常住在永恆的悲哀之中。」更何況我原來就不曾想過要祈求或邀請，必然生離死別的悲傷早就先於我而存在。漢朝「古詩十九首」：「生年不滿百，常懷千歲憂。」

古人說「樂極生悲」，我則說「苦樂相伴而生」。我在母校高雄醫學大學當兼任講師，只開一門課「生死學與生命關懷」已經四年八回合，總是警告大學生：「你現在讀書寫報告如果沒有半點痛苦，我保證你將來畢業出社會只會活得更痛苦。」我還說：「你談戀愛談得越快樂，萬一失戀就一定會更悲傷、更痛苦。」

悲傷是個人化的情緒，悲傷這件事情有「親疏遠近」的關係，所謂「事不關己，關己則亂」。感情越好當然越悲傷，死得越悽慘、越意外，當然家屬的悲傷情緒就會更強烈、更長久。悲傷者的故事看得再多，保證跟你的遭遇不同，症狀當然就不一樣。「悲傷練習」做得再多也許還是無用，但是不做「悲傷練習」恐怕將來只會更慘。

許禮安
高雄市張啓華文化藝術基金會執行長
衛生福利部屏東醫院家醫科兼任主治醫師
高雄醫學大學【生死學與生命關懷】兼任講師
台灣安寧照顧協會理事

前言

安妮是第一個跟我諮商的人，住在倫敦哈羅路後方的一棟公寓大廈頂樓。她年近七十，女兒翠西在平安夜撞上一輛卡車不幸去世，她遭受極大的打擊。安妮的房間香菸裊繞，電暖爐與她的悲憤融合，室內因而十分悶熱，即使過了二十五年，我對此仍記憶猶新。當時我在當地的喪親服務機構擔任志工，才接受了十晚的訓練，就和安妮面對面坐著。面對她的失去令我驚慌，覺得自己很不適任，但我仍默默生起一絲興奮感，因為我知道自己找到了這輩子最想做的工作了。

安妮讓我明白一個道理，在日後我所諮商的數百人身上都證明是對的：我們必須尊重、瞭解喪慟的過程，承認悲傷有其必要。喪慟並不像醫學界的痊癒模型那樣，打一場硬仗就能克服。身為人類，試圖逃避痛苦是很自然的行為。然而為了治癒喪慟，我們必須違背這種本能，允許自己感受那種痛苦；我們必須找到某些方式在痛苦中支撐自己，因為痛是躲不掉的。安妮抗拒愛女已死的事實，她借酒澆愁、跟試著將她拉出傷痛的親朋好友大吵一架。但正是這個痛苦，最終迫使她想辦法接受寶貝女兒過世的事實。這種痛有它自己的進程。

死亡是最大的禁忌，人們對死亡的結果——亦即喪慟——有很深的誤解。我們似乎可以開開心心地談論性愛和挫敗，或把我們最脆弱的一面顯露出來，但一說到死亡便噤聲。對很多人而言，死亡是可怕的、甚至是陌生的，因此找不到詞語表達。這樣的沈默讓我們變得無知，無法回應他人或自身的悲傷。我們比較喜歡看見喪親之人隱藏自己的痛苦，會說他們「這麼堅強」真是「了不起」。然而，儘管我們試著用一些委婉說法來否認死亡，如「走了」、「失去」、「前往更好的地方」，嚴酷的事實卻是我們整個社會並沒有準備好面對死亡。我們被迫對抗這種無法掌控、無能為力的感覺，而這和二十一世紀的信念相左。二十一世紀的我們相信醫學可以治好病痛；就算醫學真的有極限，只要有足夠的決心也能克服。

每天都有數千人死亡，無論是意料之中或突如其來；光是英國，每年就有五十萬人死去。一人死亡平均至少會影響五個人，也就是說，共有數百萬人會被某人過世的消息震撼。在聽到父母、手足、朋友或孩子快要死了或已經死去的那一刻，他們永遠不會忘記自己當時身在何方。死訊將在他們的餘生影響生活中每一個層面，最終改變他們與自我的關係。他們把喪慟處理到什麼程度，將會因此影響周遭的所有親友。

我們所感覺到的痛是無形的，這道看不見的傷痕可大可小，端視我們有多愛亡者。令我們悲傷的，可能是突如其來或預期中的死亡。無論如何，我們當下抬頭望見的那片天空，與那人死前的天空是同一片天空，但當我們看向鏡子，裡面的那個人卻變了。我們看著自己的照片，納悶以前的笑容竟能如此單純。死亡會揭露很多東西：它迫使那些隱匿的分歧和埋藏的秘密重見天日，讓我們知道與我們最親近的那些人一直以來有多重要。然而，身邊的人不見得明白發生了多複雜的事，或是我們懷著多深刻的傷。

我常常看見，傷害像安妮這樣的個體，甚至是傷害整個家族好幾世代的，其實不是喪慟的痛苦，而是他們為了逃避痛苦所做的事情。處理痛苦必須在很多不同層面努力，包含生理和心理層面。單靠獨自努力是不可能的，他人給予的愛是關鍵，能夠幫助我們熬過失去的愛。有了這些支持，我們便能努力找出忍受痛苦的方法，並在缺少亡者的情況下想辦法繼續過活，有勇氣再次相信生命。

在我的專業領域裡，有非常多經過研究證實的實用策略和心理認知，對任何喪慟中的人來說很重要。身為一位心理治療師，我親眼見證這些知識幫助喪親者避免因不適當的協助而出現更糟的情況；研究顯示，轉到精神科的患者有百分之十五是因為沒有好好紓解喪慟的情緒。對死亡與喪慟的恐懼感，主要是缺乏相關知識所引起，本書的目標就是要處理這份恐懼，以自信取而代之。我希望人們能理解，喪慟是個必須下功夫的過程。經驗告訴我，喪慟是**苦功**，而且是非常艱難的苦功，但如果下了苦功，它就能發揮效用、使我們痊癒。喪慟的自然歷程可以透過某種方式給予支持，來幫助我們妥善度過日常生活，我希望本書能夠扮演這樣一個提供有力支持的角色。

書中收錄真人經歷的傷痛個案。這些案例雖然依照當事人與亡者的關係分類，如失去伴侶、父母、手足或骨肉，但每個案例都是獨一無二。這些故事顯示，我們必須更清楚自己的內心發生了什麼，學著瞭解自己的感受和行為動機，誠摯地認識自我。如果我們要適應「失去」後的新生活，這便是必要之舉。喪慟不會井然有序地分階進展，也不是能慢慢忘記而遠離的；它有自己的歷程、有自己的起伏。我們要努力想辦法處理自己的恐懼與痛苦，並且適應新版本的自我，也就是我們的「新常態」。大多數人都能找到方法應對這種難以承受的痛，顯示出我們擁有絕佳的演變能力，能夠努力重塑自己的人生。

書中的個案雖然是以我和每個人的諮商關係為架構，重點在於喪慟，而非治療過程。這些個案顯示真正傾聽與跟對方談話一樣重要，在對方述說自己的故事時充分傾聽，所產生的力量不容低估。好好傾聽絕非專業治療師專屬的技能，我們每個人都學得會。當我們抽空好好聽朋友說話，或許會很驚訝他們竟願意透露這麼多，明白原來我們可以幫上這麼多忙。

我與當事人對談時，他們會探索自己過去對生命的假設和對世界的認知。在諮商中，他們能夠找到字句來形容以前未曾說出口的事。得以自由宣洩，不用在我面前隱藏最深的痛苦、最大的恐懼或最糟的念頭。他們說出內心的擔憂和盤桓心頭的掛念；他們感覺輕鬆許多，常常也能連結自己的內心。他們探索那些互相衝突、不同版本的自我，以及在每次行動前總在耳邊低語的自我批評。他們找出自我防衛究竟發生什麼事，這些機制過去或許有保護效果，現在卻反過來阻撓他們。他們發現更完整的自己，並能慢慢接受某部分的自我，例如與父母相似之處——他們痛恨或發現自己下意識在模仿的那些行為。能有一個地方，讓他們道出長久以來，自己被打上扭曲死結的無言感受；能有一個地方，可以解開這些結、露出一塊一塊的真相。有時這樣可以減輕純粹的喪慟所引發的痛苦。

在每一部分最後的「悲傷練習」，我會寫下一些廣泛的想法以說明如何面對這類的失去，也會寫出與故事中浮現的議題相關的統計數字和方針。提供讀者有關喪親者的數據，應該能打破個人對自己的喪慟抱持的錯誤負面印象，那些印象可能會傷害他們。閱讀書中那些和你的經驗沒有直接相關的內容或許也很有用，因為你能因此看出當一個人過世，我們經歷的過程其實是共通的。甚至你可能會很驚訝，你在為完全不同類型的死亡而喪慟的人身上，看見很多與自己相似的點。

由於人類對喪慟的態度深植在我們的文化裡，我收錄了一段簡短的摘要，說明從維多利亞時代開始對喪慟心態的轉變；往昔的某些做法當然也適合今日。在關於朋友的那一章，我對其重要性提出我累積許久的見解。我必須再次強調，朋友在喪親者的恢復過程中扮演非常關鍵的角色，不過他們也可能造成同樣重大的阻礙。最後我從力量之柱的形象來看，說明我們能夠如何幫助自己。

我希望這本書是一個可以持續提供參考的資源。我希望人們瞭解自己或是所關心之人的喪慟。我希望親人與朋友能使用本書，向喪親者保證人生能夠重塑、信任能再度建立。或許我們再也無法抱持天真的希望，或許我們會再感受到失去的痛苦，但是從中獲得對自我更深的認識，終究是一種成長。

認識喪慟

何謂喪慟？

喪慟是面對失去時的一種情感反應，這裡談的是死亡。哀悼是我們要適應一個亡者不在了的世界所必經的過程。如前言所述，喪慟是一個非常個人、矛盾、混亂且難以預測的內在過程。若要順利度過這段歷程，我們就得找到方法理解、接受當中的矛盾：我們必須想辦法接受這個我們不願成真的事實。

我們被迫面對自己終將消逝。我們一輩子都不願正視自己會死，常用的否認方式就是創造秩序；若有了秩序，就能預測與掌控。死亡粉碎我們的掌控。死亡的殘暴在於它具有至高無上的力量，能控制我們，這就是我們無法接受的事實。

要好好喪慟，我們必須找到方法忍受失去的痛，而非對抗或否認。要做到這一點，我們需要幫助——除了家人和朋友的愛與支持，我們也需要瞭解這段過程會帶來什麼。

喪慟的過程

大家總是在談論喪慟的過程，表面之上與其下發生的事同樣重要。冰山的意象常被用來輔助解釋：水面上看見的，諸如我們說的話、外貌和表情，其實只佔整體的三分之一。而隱藏在水下的過程，就好比失去的痛苦和生存的本能在進行的一場拔河比賽。整個過程並非靜止，而是在失去與復原來回往返。悲傷、淚水、渴求、對亡者的執念，與當下要做的事、正常運作、懷抱未來的希望、暫時從喪慟中脫離，會交替發生。隨著時間流逝，我們一點一滴適應死亡的事實；我們一邊適應，一邊慢慢找回情感，更有餘裕活在當下的人生。這個過程同時在有意識和無意識的狀態下發生，剛開始十分強烈，但在我們學會如何處理喪慟之後會逐漸緩和。

喪慟的矛盾

喪慟的矛盾在於**接受痛苦正是治癒自我的方法**。應對喪慟不能採用沈浸理論，*反而要在痛苦如暴風雨襲來時忍受它，再藉由分心、忙碌，或從事能夠安撫、寬慰我們的各種活動，暫時脫離痛苦。每次在兩極之間交替，我們就能更適應不願面對的事實：我們所愛之人已經過世。

喪慟的本質就是**死亡迫使我們面對一個本能拒絕的事實**。我們常利用所謂的慣常行為，來保護自己不受這無解的衝突帶來的痛苦，但這些行為或能幫助我們，也可能對我們不利。

痛苦是改變的驅動力。這個概念很難理解，但我們知道要是一切都按照計畫、事事滿足，那就沒有改變任何事的動力了。另一方面，如果每天持續感到不舒服、枯燥、憤怒、焦慮或恐懼，我們就會自我質疑，想找出哪裡出了問題：是人際關係不對勁，還是工作的緣故？我們需要如何改變，才能再次感到滿足甚至快樂？當一個人過世，會逼我們做出改變；我們感覺到的痛苦變深，迫使我們適應不一樣的外在和內在世界。

我們用來避免痛苦的那些行為，通常才傷我們最多。我們在人生初期發展出來、保護自己免受情感痛楚的行為，變成我們處理困難的預設模式。對某些人而言，這些慣性行為很有用，但也有人因此受害。煩惱時向朋友傾訴是正面行為，喝酒麻痺痛苦則是負面行為。我們的任務便是辨別這兩者，並且學習能夠協助我們忍受和表達痛苦的新行為

逝者對我們來說感覺還活著，即使我們很清楚其實他們已經往生。我們想像他們的身體時，彷彿那是一副活生生的軀殼：我們會尋思他們是否寂寞、會不會冷、會不會怕。我們在腦海中跟他們說話，請他們引導我們做出人生中的大小決定。我們會在路上尋覓他們的身影，藉聆聽他們喜愛的音樂或嗅聞他們的衣物以產生連結。逝者還存在我們內心，卻又沒有實體存在。我們或許會感覺與他們的關係仍繼續，但同時知道這段關係再也不會向前發展。當我們不承認、甚至堅決否認這點，我們的腦袋可能失序、失衡；但當我們明白這點，就會湧現如釋重負之感。

我們必須學著接受「放手」和「緊抓不放」交替出現。葬禮或參拜墓地等儀式，就是放手的行為，承認斯人已逝、實體不復存在。人們因此假定這是要自己完全遺忘所愛的人，對遺棄他們心生愧疚；然而，這段關係確實存續，只是形式已極為不同。

死亡偷走了我們所預期、希望的未來，但它帶不走我們有過的那段關係。與亡者的連結

透過回憶在心中維繫，這或許是我們所能擁有最珍貴的禮物；他們變成我們的一部分、我們的嚮導，見證我們繼續過著自己的人生。

我們可能想要再次快樂，知道這樣才是正確、公平的，卻覺得愧疚，因為這似乎是錯誤、不好的。我們的腦和心常起衝突：頭腦明知要歸咎於那場可怕意外，心裡卻覺得我們好像做錯什麼。兩者爭得難分難解，讓我們感到衰弱又疲憊。這兩個對立的極端必須找到可以讓它們共處的位置。我們必須將兩個概念都放進內在，才能使我們獲得解放。

如果喪親之人很勇敢，能處理好大小事，社會便會嘉許；如果他們躲起來、應付不了痛苦，社會便無法認可。矛盾的是，令人擔憂的喪慟方式是那種提早遏止的喪慟，例如透過服藥消除痛苦。我們的社會必須學會去支持健康的喪慟方式，讓人們瞭解每個人的復原速度都不一樣。

---

* 譯注：沈浸理論為刻意暴露在恐懼的事物中以克服恐懼的一種療法。本書作者主張我們不需特意「尋找恐懼」，而是在恐懼出現時接受之。

我們的文化充斥一種信念，認為我們能治好任何東西並改善它；如果做不到，或許也可以丟棄一切、從頭開始。喪慟與這種信念相反：它不給逃避、要求容忍，強迫我們接受世界上有些事情就是不能治好。

第 1 篇

無法攜手的另一半

愛擾亂了我們平順的路程，使我們的計畫變得複雜、打亂政治算計。人們崇拜愛、哀悼愛、渴望愛、畏懼愛。當我們要展開愛的關係，要承擔很大的風險；但如果我們棄絕愛，承受的風險更大。無論如何，我們必須找到方法與愛和平共處。

——柯林・莫瑞・帕克斯（Colin Murray Parkes），
英國精神科醫師

01 凱特琳

年近五十時，在一起將近二十年的丈夫因為肝癌過世

凱特琳按下門鈴時，我的心中充滿好奇。她是什麼樣的人、有什麼樣的故事？還沒看見她，我就聽到樓梯上傳來一個溫暖、活力的聲音，帶有一絲愛爾蘭腔；她進門來，是一位有著紅色波浪長髮和藍眼睛的高䠷女子，臉上掛著微笑。她年近五十，大步朝我走來又停下腳步，把她不小心弄亂的墊子理好。

凱特琳講話速度很快，口齒清晰又風趣，因此我花了點時間才看見她防衛下的脆弱。她的故事十分艱苦：結縭十年（在一起將近二十年）的丈夫大衛剛被診斷出肝癌末期。上一次到醫院時，她逼問醫生他還有多少時間，得到的回答是他還有九到十八個月的生命。大衛選擇知道壽命會有多短，但凱特琳心底需要知道更多資訊。她好勝堅強的那一面說：「我是負責開這艘船的人，我必須知道我面對的是什麼。」雖然，她是邊哭邊告訴我的。受到大衛酗

酒影響，他們倆的關係很複雜，但她仍然愛他。

她最擔心兩個年幼的孩子，九歲的凱蒂和六歲的裘比。她還沒告訴他們爸爸就要死了。她散發的情緒主要是恐懼，大把大把的恐懼：害怕未知、害怕生存、害怕她或他們無法應付、害怕經濟負擔、害怕孩子的未來；當然，也害怕大衛的死。凱特琳完全茫然失措。她自然想保護孩子，因為他們還小；她以前就曾對他們說過善意的謊言，掩飾大衛的酗酒情況。她害怕他會突然死掉，讓她來不及為孩子們做好心理建設。

我問她是否認為孩子們察覺到了。她說：「他們什麼也不知道。」我告訴她這不太可能，因為孩子都很敏銳，馬上會感覺出不對勁，即使不確定是什麼事。確實如此，凱特琳後來提到他們曾說：「爸比像爸比，但是變小了。」

我們討論大衛是否也要參與諮商，她很清楚地說不會。我們同意她應該從問孩子知不知道父親的病著手。我告訴她，遲早得有人告訴他們真相，不用一次全講，而是以能消化的量一點一點說。她必須誠實回答他們的問題，因為什麼都不跟孩子說，他們就會自己編故事，虛構出來的內容可能比事實更可怕。如果他們被告知真相就會信任她，這份信任將成為支撐他們的基石，幫助他們度過這段無比艱難可怕的過程。

下一次諮商，凱特琳提到她如何對孩子說大衛即將死去的消息。她向他們解釋：「爸比病得很重。醫生通常可以把人醫好，但是爸比現在病得非常、非常嚴重，醫生也沒辦法讓他變好。」

他們起初沒哭，但當她問他們擔心什麼時，她自己卻哭了，最後他們哭成一團。她讓他們知道哭沒有關係，一起哭是件好事。他們提出很多疑問：他會死嗎？他們會不會死？凱特琳的回答溫柔但誠實，她說：「爸比的身體停止運作時，他就會死；我們不知道會在什麼時候，但我永遠會對你們說實話。」接著，他們進行平時的活動，喝茶、洗澡、說故事、比平常更多的擁抱，這撫慰了他們。那是一段令人心碎的對話，接下來數週還會有更多相關的對話。雖然很困難，她憑著無比的勇氣做到了。

我有信心和凱特琳建立良好關係。她就像一個加速中的引擎，需要擁有足夠的信任才能讓她放慢速度、感到安全。「安全」是我們的諮商中多次出現的關鍵字。她需要一個值得信賴、始終如一的人，能夠感同身受地聽她說，不會被她的故事嚇跑；她需要人提供工具給她，幫她框住然後管控她最真實的恐懼。她愛她的先生，但也恨他讓他們經歷這一切，她形容他的酗酒是「把毒藥滴入這個家」。她覺得，他的死將對他們造成永遠無法痊癒的傷痛。

凱特琳把焦慮隨身攜帶，好似一陣躁動不安的旋風。她會飛快跑進我的諮商室，說話速度極快，彷彿說得越快就越能躲掉痛苦，好似在燒燙的炭火中跳腳的人。她不知道焦慮時該如何讓自己冷靜下來，這只是更加深喪慟帶來的悲苦。

她常提到她的母親。她很愛母親，也常去探訪，但我很快發現她母親的教養方式欠缺穩定。她母親和大衛一樣會酗酒，自然無法真正獲取凱特琳的信任。凱特琳告訴我她十歲左右的經歷：她母親常常沒有準時接她放學，凱特琳只好躲在公車亭後面，羞憤難當且被淒涼的孤獨感淹沒，至今仍未散去。這就是她覺得自己被遺棄的根源，以及她看待世界的方式是如何形成。只要遭遇壓力，她的第一個念頭就是「我會被遺棄」。羞辱和恐懼常常出現在我們的對談中。但她很愛她的母親，常在深刻溫暖的愛與痛苦的憤怒之間擺盪。我對這些情感的詮釋是（她不認同），她擁有孩子那般的「神奇思維」，*希望她能以愛來控制母親的酗酒行為。她相信只要她乖乖的，母親也會乖乖的；如果母親喝醉了，是因為凱特琳不乖。這最後當然會形成一個牢不可破的想法，認為自己不夠好。

* 譯注：指一個人相信單憑自己的想法就能對世界造成影響。

在這樣的偏差思維下，她十七歲時又發生一樁重大的悲劇。她心愛的父親，一位心胸寬大又成功的男士，因精神疾病而在家附近的樹林上吊自殺。他過世之前曾出現短暫卻極深的憂鬱情緒。凱特琳說，自從他死後，她的胃就像「帶著一瓶毒藥」。她告訴我，她父親是一個「很棒的人」，她很愛他。

她說話時，我感覺自己的思緒開始混亂，這些實在強烈到難以消化。我這樣告訴她，她哭了。因為我承認這一切是如此難以承受，讓她也能承認這點。父親過世所帶來的強烈震撼，鮮明地印在她心中好幾十年；我們的諮商讓她能碰觸這道傷口，不過一次不能太久。雖然我感覺這份悲傷燒灼到她十分深層的本質，且由於近期要再次面對失去，原本隱沒的痛苦無可避免地被喚醒，但目前並非處理這些傷口的時候，那只會讓她動搖失衡。現在她需要的是所有已經建立起的應變方式，來面對大衛的死和許多可能的後果。

凱特琳是愛爾蘭大家庭中的么女，全家擁有許多親密、開放的好朋友。但和男人在一起時，她就不是這樣了。她需要男人的認同，讓她覺得自己值得被愛；她認為自己必須偽裝以討好男人，把他們的需求擺第一，卻忽略了自我，到頭來只覺空虛與被利用。在她生命中的這個當下，她的執念是一個名叫提姆的男人。凱特琳說她愛大衛，他對她很好，在眾人之中選擇她做為人生伴侶，也是她兒女的爸爸，但是他的酗酒導致她不再尊敬他，彼此之間脆弱的信任破裂，她對他的慾望已褪。

提姆是她性幻想的對象。她靈敏睿智的那一面，很清楚提姆根本不適合她。提姆在行銷業工作，魅力十足；他剛離了第二次婚，經濟和情感上正陷入一團混亂，必須負擔兩個家庭的三個孩子養育費以及自己的公寓費用。凱特琳知道他無法給予她需要的東西，但知道歸知道，依然阻止不了她的行為。

「我就像一顆追蹤熱源的飛彈，不斷想聽到他的消息、計劃何時可以見他，在腦海中反覆演練會讓他想要我的話。」她幻想他會發覺自己「瘋狂愛著」她，對她做出激情告白。她的腦海同時出現兩種對話：「我愛妳」，以及他對她吐露愛意，而她叫他「滾開」。

然而現實很殘酷。當他們真正碰面，他卻令她難以預測：時而充滿魅力、誘惑人心，吸引她過來；時而無比冷淡。她會心情焦慮、渴求關注，不斷指望收到他的下一則簡訊；她無法專注，時時刻刻檢查手機，直到訊息傳來。收到訊息後，她會讀了又讀、反覆推敲，試著讀出字面上並沒有傳達的意涵；一旦滿心失望，她又接著渴求下一封。這樣的模式——她拒絕他，希望他會追求她——在關係中很常見；其中一方大吼「走開」，但真正的意思卻是

「挽留我、靠近我、讓我看見你想要我」。這在孩子和父母之間也很常出現。

凱特琳因為天主教的信仰與教養，希望擁有一個能夠引以為傲的自我，她卻無法擺脱被人渴望的需要。對凱特琳來說，提姆就像磁鐵，有一股難以抗拒的力量把她拉向他。他帶出凱特琳的另一面——那個迫切渴求母親注意力的小女孩。提姆捉摸不定的行為跟她母親如出一轍，而她自覺是個壞孩子、不值得被愛的感受，一直存在她的心中。

凱特琳説話時會先看著地板，然後抬頭望向一旁，確定我還有在聽，又擔心我會評斷她。她之後説，就是在這些時刻，她才感覺有人看見真正的她，包含她所有的缺點。她不覺得自己受到批評，也因為少了這種評斷，我們的關係得以成長。

當我提到想進行心理衡鑑，看看我們目前做得如何時，她崩潰了。「噢，連妳也要離開我了對不對？」她生氣地説，然後哭了。她以為這是我終止諮商的方式。我向她解釋，我不會強行結束對談，我們兩個都有掌控權，會一起決定何時結束。讓她知道我不會重複她的父親和丈夫的模式、突然就自她的生命中消失，這非常重要。

凱特琳小時候拿來包住自己的情感盔甲就像是一層亮光漆，看不見也滲透不了。這層亮光漆讓她無法吸收、留住正面的感受，把她最需要的養分阻擋在外。她讓自己遠離真實的愛，即使這就是她一直在尋找的。我們的面談與她所接收到的關懷，讓她慢慢開始相信自己值得被愛。

然而，凱特琳對提姆的執念沒這麼容易解除；同一時間，我察覺到這份執念就像一劑麻醉，麻痺她得知大衛即將死亡的痛苦。這也是放棄自我感受的一種方式。我必須確定提姆事件不會讓我分心，忽略了她害怕被拋棄的恐懼，那才是她持續做出有害行為的關鍵。她若能找到方式撫慰自己內心受傷的孩子，而不是把這可憐的小孩送進提姆不可靠又不安穩的懷抱裡，她就能獲得更好的保護。

實際上，就是我得想出辦法幫她學會照顧自己。她用一杯啤酒形容自己：她向每個人展現最頂端的泡沫，但大部分的她是藏在泡沫底下的黑暗中。當我們在一起時，得以窺見「底下的黑暗」。「哀悼重重打擊我的信心。這就像是車子沒有油還四處遊蕩，不管做什麼都變得更困難，好像注定失敗。我一直在生氣，這股氣似乎永遠不會消。」我們討論了一些對策，例如每天只處理自己可負荷的任務量：做一些舒服的事，像是買美味食物、為家人煮飯、吃得好，讓她覺得更能掌握一切。

我推論大衛在工作上未能發揮所長，喪失自信加上酗酒，扼殺了他的才華。他已無法工作，正在進行減緩症狀的放射治療，但這無法延長他的性命。療程結束後，他會累上幾天，接著就能恢復到不錯的狀況。他雖然沒再喝酒，但止痛藥效導致他的行為跟醉酒差不多，讓凱特琳覺得這跟他酗酒時一樣令人煩躁。

凱特琳告訴我，他們沒有一起聊過他的死亡，他也不想參加諮商。他顯然想為孩子們努力活久一點，決心堅持一切都不會有事。凱特琳常以一種默默驕傲的方式，淚眼述說他無比的勇氣與優雅，將致命的疾病看得雲淡風輕。他為人機智風趣，當初吸引凱特琳的幽默，現在成了兩人能夠並肩前進地獄的原因。他曾說：「感謝老天，幸好將死的人不是妳。妳肯定會很難相處！」整個狀況最艱難的就是不確定感，不知他何時會死；還有他走了之後，事情不會變好，只會變得更糟。

大衛死前，我和凱特琳談了十八個月。家中只靠她獨撐，必須同時工作、照顧大衛、養育孩子、管理自己內心的混亂，她壓力極大。她常常感到不安，看不見光明，「只有黑暗的恐懼」，但她找到辦法與之共存。凱特琳心靈中最脆弱的那一面，總會低估自己的韌性；她比自己願意相信的還堅強許多。潛意識中她其實知道，卻又否認這點，因為她不希望在大衛死後才悔恨或愧疚（也就是她預設的情感）。她對自己許下承諾，要對大衛好一點，不要像過去那樣對他發脾氣，想辦法修正關係中的顛簸。她買了香氣絕佳的精油，抹上他的四肢；她輕撫他的臉龐，並親密地擁抱他，帶著真正的溫情與真正的愛。

有時，她心碎地走進來，需要傾訴所有的掙扎；有時，她只能為大衛和孩子哭泣。她為自己目前為止努力做到的一切驕傲，也的確應該自豪。她常常睡不好，讓一切變得更困難（睡不好永遠都會讓事情變更糟，而睡眠品質不佳常見於心懷哀戚的人），於是我們一起想辦法改善。

她偶爾會在外徹夜狂歡，有時也會做出魯莽的性愛選擇，接連幾天又充滿絕望與懊悔。讓她輾轉難眠的經常是憤怒，而且是很多層的憤怒：氣大衛酗酒導致絕症纏身；氣自己選了他當孩子的父親；氣這整件她無力改變的事情。她的情緒像溜溜球般忽上忽下，有時認為自己可以應付，有時又充滿恐懼。這一切伴隨著一種自我唾棄的緊繃。

凱特琳從未提起大衛有沒有忌妒死的人不是她，夫妻為了保護彼此而不談及這類艱難的感受很常見。即將死去的事實和可能衍生的忌妒心理，人們對此瞭解卻又否認。無論有沒有說出這種感覺，它都很有可能存在。

大衛的狀況極不穩定。有時他有精神融入家庭生活，跟裘比和凱蒂玩、出門找朋友。有時他十分虛弱，大半時間待在沙發上。孩子會爬上沙發，圍在他身邊，他會說笑話、給他們呵癢與擁抱；他們會一起窩在棉被底下，看最喜歡的電視節目。最後的階段來得很快，雖早有預料，還是讓凱特琳震撼。他的痛苦遽增，走路都變得困難。他們和醫生一起決定，認為安寧病院是對他最好的地方。那是個溫暖、安全的所在，孩子們不必覺得拘束，可以四處跑跳。護士棒極了，愛死他的笑話、對他無微不至，確保他不受任何痛苦。凱特琳最美麗也最痛心的回憶，是他顫抖著把寫給孩子們的訊息唸出來。

他死去那天，我記得很清楚，那是個溫暖的春日。我看著手機上的簡訊：「大衛今晨安詳地離世了。他當時握著我的手。」我打給凱特琳，問她孩子們是否看過大衛的遺體。她回答「沒有」，於是我建議她拍幾張照片（雖然聽起來很怪），因為之後這對她和孩子們都很重要。

葬禮前一晚，凱特琳在殯儀館打電話來，聲音靜定緩慢。她告訴我，他們都見了大衛，他的遺容十分安詳，如雪花石膏般。她寫了一封情書放在他胸口，兩個孩子都放了一個絨毛玩具在棺材裡，接著親吻棺木。她的語氣平和穩定，甜美地謝謝我給予她建議，說她感到「驕傲與完整」。凱特琳也感到一種不由自主、意料之外的輕鬆：他們最害怕的事發生了，而他們完整無缺地堅持過來。我也為她、為他們每個人感到驕傲。

面對死亡，通常我們能做的最主要就是過有創造力的生活。凱特琳是個有力量的創造者，她將心力投注在大衛的葬禮，和他的家人把葬禮變成對他人生的一大致敬，充滿著她對他的愛，以及他的家人與無數朋友的愛。危機將凱特琳最好的一面引出來，顯露出她深切的愛人能力，還有對大衛和孩子的忠誠，我只能欽佩、尊敬這些極其強大的特質。

一如在他生前那般愛戀，她在他死後更是無比想念他。「他一點也不是完美的丈夫，但至少他是我的。」現在她孤身一人了。躺在床上，她會因為他的離去留下的空位傷心；她會一邊啜泣、一邊把臉埋在他最後穿的那件T恤裡面，聞嗅他的味道。然而，他的死也有滌淨、清澈的一面：他們之間了無遺憾；他們深深關愛彼此和子女；殘忍的疾病也莊嚴地將他們的錯誤終究改正過來。

麻木感慢慢消退，在大衛過世六星期後，痛苦重重地襲擊凱特琳。失落接連襲來，將她吹垮、令她疲憊，她放聲痛哭。大衛死後她拍了一張照片，她說：「他死後看起來比較柔滑、圓潤，膚色比較米黃。」回想這些事讓她流淚。她能夠懷念他，因為她能摒棄「過去那些爛事」了。「我真希望能聞聞他那滑溜的頸子。我以前常罵他，因為覺得很噁心，但其實也很光滑舒服。」

有時她會不想感受這種痛苦，便以有害的方式「演戲」，如持續不斷的狂歡或與同事爭吵。性，是我們每一個人的自然生存機制，也是她所尋找的。凱特琳失去了親密，因此想盡辦法要把它奪回來。

從最基本面來看，性是創造生命的行為，恰與死亡相反。她渴望性，卻很少有好的經驗；她事後常覺得被利用，因為她永遠把付出擺第一，自己就得不到滿足。她有一個朋友，對他們來說，有著性關係的友誼比較適合他們；他們會在工作與家庭的空檔享受即興的性愛，很像我父母輩所謂的「五到七點時刻」。這段性關係頗令她滿足，而且一點也不複雜，她很喜歡。

但提姆總是無所不在地潛伏於她心底。他看似有指望被她得到，卻又始終沒有下文。她很感激他幫忙撰寫大衛的葬禮單，但他無法給她渴望的注意力，將她極力避免的空洞挖得更深。不過她還是有辦法運用成功過的策略：帶孩子去公園、買優質食材烹調、晚上聽冥想錄音帶、看她最愛的書。她變得很有紀律，會把手機留在臥房外，也停止瘋狂尋找提姆。最重要的是，她會定期去找真正愛她的朋友，和他們一起歡笑與哭泣。

我們聊了很多裘比和凱蒂的事，她會以「我的男孩」、「我的女孩」喚他們。他們過得很好，本能地深深受到叔叔與伯伯吸引。叔伯們會來家裡拜訪，可能帶孩子去踢足球，或邀他們出遊幾天。孩子們想念大衛的擁抱，一點小事就可能讓他們難過崩潰。凱特琳抗拒打破睡覺時間和禮儀等基本規矩的誘惑，因為我們曾討論過，孩子們需要這些框限才能保持安定感。

每天晚上他們會點「爸比的蠟燭」，常常會說一些關於他的好笑事件或甜蜜回憶。凱特琳能在他們身上看見大衛的身影，「裘比的小動作和他爸比有點像」。她管這叫「先天、後天、尼采理論」。她記得以前總是數落大衛刀子的拿法不對，凱蒂現在拿刀的方式就和大衛一樣，但她從未糾正。她以前總是告訴大衛，不要在吐司上把炒蛋堆太高，現在孩子們這麼做的時候，都會厚臉皮地說：「爸比也這樣做。」這些事都形成了基石，讓他們日後在內心找到自己的父親——由炒蛋構成的基石。

有時，凱特琳對孩子炙烈的愛會嚇到她自己。這使她想起母親：「前一秒她會甜蜜溫柔，下一秒又大發雷霆，像日本浮世繪師葛飾北齋畫的波濤。」她記得很清楚，有一次她和母親在主臥室的床上溫馨地吃吐司，下一秒她母親就暴跳如雷，因房子亂七八糟而怒吼。凱特琳還記得當時的情境：「我哭到整張臉發紫，因為我把所有的衣服穿在身上，不讓衣物散落地上被罵。她簡直是瘋了，嘴裡吐出的那些惡言好可怕！我永遠不會這麼做。」這樣的體悟阻止她讓內心的情感波濤沖垮堤防、引發暴力。她會深呼吸或數到一百；她叫孩子回房間。她知道自己需要空間，才不會傷害他們。她發展出策略讓她改變，變成她想要成為的人。

大衛過世十八個月後，我們都發現她已步入常軌，能應付日常生活的大小事：睡得較好、度過快樂時光。拉長每一次諮商的間隔，是我們共識之下的決定，看看減少對談她會過得如何。她知道她要面對「踉蹌」的時候，她會失去控制、感到驚恐。但她也知道自己工作順利、孩子在學校表現良好；她終於擺脫對提姆的情愫，而且維持友好關係。她有了新對象，雖然他沒有十全十美，但她叫他「紳士」。他人很好、值得信賴也很性感，彼此見面時，他們度過美好的時光。

我將凱特琳的人生在我腦海裡留下的印象比做馬賽克，就是你在古羅馬住家遺跡會看到的那種：有些石磚已經磨損或出現裂痕，有些真的支離破碎了，但也有些完好如初，呈現完美的圖案。是凱特琳給予和接受愛的能力，連結這些脆弱又珍貴的石磚。大衛的死讓馬賽克的一部分破碎，但凱特琳的慷慨與自然湧現的活力，讓整幅圖畫在黑暗中仍然能閃閃發亮。

02 凱莉

三十歲出頭，三個月前她的長久伴侶死於單車意外

凱莉緊張地笑了笑。她年紀輕輕，才三十出頭，實在不是成為寡婦的年紀。她的長久伴侶米樹爾擁有非洲和加勒比海的血統，三個月前死於一場單車意外。她一直微笑，但她小小的褐色眼睛流露出受驚嚇動物特有的驚恐神情。我看到她的眉頭和又密又黑的劉海下滿布汗珠，全身透出一股緊張不安。

我心想，她究竟要怎麼養育才兩歲便沒了父親的小兒子？凱莉的外貌掩飾了她的脆弱：她身材結實，常常一身輕便的黑色上衣和運動褲。我看得出來她很提防我。她很難找到適合的文字，努力擠出的少數字句都要大口呼吸才吐得出來。米樹爾的死對她的震撼依舊，從她每一口氣都能感覺得到。

我遇到了兩難：倘若伴侶發生意外的畫面帶給她創傷，我不想逼她，沈默也是心理治療

的一種方式。但我同時也感覺到這種「沈默療法」，也就是心理師安靜地等待個案開口，會被當成在懲罰她。我們一起討論她要如何開始講述她的故事。我再三強調她不用急，如果她卡住了，我會協助她。我們可以輪流說話，她能控制自己每次諮商要說多少。這讓她握有掌控權，緩和經歷重創所帶來的恐懼，以防她承受不住。

凱莉的喪慟對自己身體造成很嚴重的傷害，她失眠、大多時候都病懨懨的、食不下嚥，當務之急必須先讓她平靜、緩解她的生理症狀。於是我先和她一起做放鬆練習，再請她告訴我她的一天，好讓我們梳理出方法來減輕她的焦慮。起初她覺得很困難，經過幾次面談後，她明顯穩定下來，也能開始敍述了。

儘管還是躊躇難言，她努力找回自己的話語，彷彿她在一條黑暗走道裡弄丟它們。她多次重複「我一個人做不到」、「我活在恐懼的牆後」，同時發出痛苦的哀嚎。我將這些一字不差地反映給她，我希望她知道我有準確聽見、仔細聆聽她說的話。我經常使用「反映」這個技巧，這能讓對方覺得自己被完全理解。我可以和她一起坐在恐懼的牆後——我知道我不能「治好」她，至少我會在她身邊。我希望她明白，她的話語就已足夠，這些話有其價值，她不該試圖貶低它們。諮商緩慢地進展，持續了許多個月。

米樹爾過世的那天，是個尋常濕冷的十一月天。他們初次相遇的百貨公司，也是兩人工作的場所。發生意外那天，他們同時下班，在百貨公司外說再見。他總是騎腳踏車，她則向來搭地鐵。她到保母那裡接達雷爾，快快樂樂回家——他已經死了，她當時還快快樂樂的，這讓她事後非常難過。她和哥哥彼特在電話上聊得很開心，但她一發現米樹爾晚歸便擔心起來。她告訴自己只是杞人憂天，雖然她有很好的理由擔心：他沒接電話，而過去只要她打給他，他都會接。四小時後，兩名警察來了，一男一女。他們請凱莉坐下，告訴她米樹爾死了。她記得自己一直尖叫、一直尖叫，其他什麼都不記得了。她哥哥馬上趕來，但他自己也因震驚而臉色發白。兩兄妹和小達雷爾一起前往醫院。

米樹爾躺在一個房間裡，身上蓋著白布。凱莉看了他一下，說：「那不是米樹爾。太安靜了，一動也不動。」看見他駭人的傷口，她開始歇斯底里，不得不離開。但接下來一星期，她每天都去看他，哥哥每次都陪著她。「我不能忍受看見米樹爾那樣，但又無法承受不去看他。」

米樹爾死後，凱莉受到太大的震撼，無法思考現實層面的事宜。她知道法庭必須判定死因，法律也要求驗屍。她恨透了他被剖開的這種想法，因為對她來說，她感覺他還活得好好的，覺得那樣會弄疼他。我們討論她是否應該在驗屍過後見他一面，但是她說：「我已經跟他說了再見，我沒辦法再做一遍，這次我可能無法離開。」接著，我們談到達雷爾是否該去見他。我告訴她，只要做好適當的心理準備，即使是很小的孩子也可以看遺體，但她覺得他還太小。

行政體制運作迅速，目擊證人的供詞已經蒐集完畢，以便警方核對。光是去想他發生什麼事，都叫凱莉心如刀割，可一無所知又令她痛苦不堪。到最後，事態終究不容拖延，米樹爾的家人堅持要她一起去警局聽報告。意外是這樣發生的：他騎近一個小圓環，但是速度過快；腳踏車撞上路桿，他往後彈出去，就這樣飛越圓環造成致命傷。數週後，她和哥哥一起到米樹爾出事的地點，看見人們好心留下的悼念花束和緞帶的殘跡。那是非常糟糕的一天，喚起這樁車禍的各種可怕畫面。她渾身顫抖地對我說出這件事，但她設法抑制最糟糕的想像，我們得以把焦點放在跟意外相關的事實。

米樹爾的家人籌辦了葬禮。對凱莉而言，過程全都模模糊糊，她只記得「擠滿了人」：工作的同事都來了，還有他們的朋友以及很多她不認識的人。每個人都對她說一樣的話：「我很遺憾妳的失去」和「妳真的好勇敢」。凱莉不覺得自己勇敢，她只覺得麻木。腦袋理智地告訴她米樹爾死了，但她身體的其他部位全都不願意相信。

凱莉只交往過米樹爾這個男朋友，她完全依賴他為她的生活全盤做主。愛他以及被他所愛，讓她明白自己的人生到底少了什麼。無論她付出多少愛，他都願意接受；她過去從沒經歷過這樣的事。米樹爾就像她的分身般懂她，接受她所有的缺陷，把她「最好的自己」引出來。少了他，她感覺不再完整；她宛如被丟進一個未知的空間，沒有地圖、尋不得出路。逐漸增加的絕望讓她混亂不安。踏入她的世界，我看到一片淒涼與絕望，以及巨大的孤寂。我能感受到那孤寂的重量壓在我身上，也想像每天二十四小時都這樣是什麼感覺——我佩服她能夠每天起床、穿衣、餵飽她的小男孩，也能明白為什麼有時她做不到。

凱莉問我有沒有注意到她總穿黑色衣著；我當然有。她希望我知道她是為米樹爾而穿。她沒辦法打扮漂亮、穿黑色以外的色彩或上妝，這是她告訴全世界她很悲慟的方式，但她覺得這個世界沒有注意、也毫不在乎。知道我有注意到讓她鬆了一口氣，我也同意著黑衣這種傳統的服喪表現，確實是現代人常常忽略可以做到的事。我以為她聽進去我對喪服的說法，她反而一直問我：「我這樣是不是很蠢？」凱莉說話時總低頭看手，接著短暫地抬頭，好像在確認自己說的話沒問題。

她無法在生活中做決定。凱莉試著解決公寓租金的事，但她說：「我就是做不到。我沒希望了，好煩惱錢的問題。」她發現自己晚上喝很多酒。「我想喝伏特加通寧當晚餐，實在懶得煮飯。」我反映她當下感受到的痛苦給她聽時，她不做回應，這是當痛苦太巨大時她會有的預設反應。

我很擔心她，也擔心達雷爾的安危；我知道要她開口求助很困難，也知道她的親友可能不想打擾她，即便她其實非常需要他們支持。我很憂心她會越來越孤立。她這麼說：「我不想麻煩我的家人，雖然我哥哥常來看我。」讓我稍微放心的是，她表示她媽媽已經接手照顧達雷爾的責任。一想像如果是我看見我的女兒和凱莉一樣心煩意亂會有什麼感覺，我就明白凱莉的母親一定相當難受，並察覺到照顧達雷爾是唯一能幫上女兒的方式。

凱莉生活中另一個安定的要素，是她每週三天的早班工作。聽起來她在那裡也沒辦法做多少事，但光是「去上班」這個動作，就能讓她短暫遠離佔滿心思的哀戚。幸好她的主管也曾經失去親人，對凱莉很有耐心。我點點頭，默默向這位好心的女士致謝，她比大多數人更善體人意。

凱莉常常不想來見我，她不知諮商有何意義。當她來的時候，會用一陣陣的挫敗和憤怒來表達巨大的悲傷：「沒有他我睡不著。以前我晚上睡覺都會把腳貼在他的腳上，現在只剩下床上冷冰冰的空位……沒有米樹爾，我的人生沒有意義。」但她也知道，自己必須為達雷爾振作起來。凱莉為達雷爾感到驚恐，她揮之不去的一個畫面是：她死了，而他會發現她的屍體。這種擔憂非常合理。

我能感覺一股未能抒發、沈默而致命的憤怒，蟄伏在她體內，污染其他一切感受。當她覺得失去控制時，這種憤怒便會引發劇烈恐懼；但若強加壓抑，它又會積累成熾熱爆裂的烈焰，使她要以捶枕頭、喝酒來麻痺怒氣。隨著時間過去，她發現哭過之後會比較平靜。有一次她在家裡哭了兩天，接著狀況開始改善，她很驕傲自己沒有依賴酒精。我很高興她讓淚水做了分內的事：釋放累積在體內的悲傷。

凱莉恨自己的情感如此難以預測。痛苦讓她覺得「脆弱渺小……有一個又大又黑、讓人了無生氣的團塊堵在我胸口，令我窒息。」我心想，她是不是受過我尚未知曉的情感傷害？這似乎是她從年幼時發展的防衛機制，一感到受困和被貶抑，她就會停止一切，將事物完全隔絕在外。我尋思是什麼環境讓她建立如此堅實的防衛，但我知道要接觸這個話題還言之過早。然而，藉由和我說話好弄清她自己的感覺，這確實奏效了。

我們的關係小心翼翼地成長，雖然她仍然難以決定是否要信任我：這對她來說仍然「很可怕」。她不好意思說出赤裸裸的感受，害怕我會以某種方式傷害到她。她很驚訝自己竟承諾每週來見我，這不像她。然而，就在我十分肯定她即將發展出應對悲傷的機制時，她出現了異常：她的體重減輕，說她想要「消失」。她比先前更脆弱，覺得「孤單、無法承受。我每天晚上都在喝酒」。酒精雖有鎮靜作用，能短暫擋住恐懼，卻也容易陷入可怕的循環。

某天早上我到諮商室時，發現她坐在外面走廊的地板上，蜷著身子哭泣。整個面談她都在哭，不斷說：「我看不出來這有什麼意義。我想傷害自己。」她幾乎不看我的眼睛，我感覺自己越來越焦慮，努力想找出一個她能接收進去的回應方式。半小時後，她說：「我可以走嗎？」我很想大喊「當然不行」，但我說出口的是：「我真的非常希望妳能留下來，這樣我們就能想辦法給妳幫助。但如果妳想走，妳當然可以選擇離開。」她走了。

我十分驚慌，很擔心她會自我了結。我立刻打給督導，商量出一個計畫：首要之務是確定誰在照顧達雷爾，然後下週與凱莉碰面時，我們要把焦點放在共同努力確保她的安危。我會做出關鍵提問：「妳有自殺的念頭嗎？」、「我們需要多擔心那個可能性？」、「為了妳的安全著想，妳認為自己需不需要醫療上的幫助或住院？」

腦海中有了一個能讓我跟凱莉一起做出建設性努力的架構，使我平靜許多。但當我打給她、想問達雷爾的事情時，卻沒人接電話，我又深感擔憂。她沒捎來任何形式的回應，這很不像她，因為即使她覺得難以啟齒，她都會傳簡訊。我隔天再打一次，還是一樣；我越來越焦慮。我週一又打了一次，凱莉終於接了電話，讓我大大鬆口氣。我告訴她，自從上次諮商我就一直很擔心她和達雷爾的安危。她回覆說我，她週五服藥過量，但她有打給朋友，對方趕緊把她送到醫院洗胃，隔天就出院了。之前看她非常沮喪，她的父母便幫忙照顧達雷爾一整個星期，但他們完全沒想到她的狀況嚴重到會服藥過量。我很在意醫院沒有幫她預約精神科門診或衡鑑。我們約好星期三碰面。

我很感謝我有吉斯，他是我的拳擊老師，人很酷又超級強悍。我們每週三固定碰面，我會用盡全力對他拳打腳踢加上肘擊；他用力給我一拳，我則會更用力回他一拳，還會大罵髒話，我罵髒話的方式總讓他發笑。累積在我體內的恐懼和壓力，需要揍個東西來發洩；感受攻擊所帶來的力量感，以及隨後的滿足感，是一場暢快的釋放，彷彿我支離破碎的內在被洗滌得一乾二淨。

週三凱莉過來諮商時，整個人陰鬱而畏縮。我讓她明白我有多擔心，對她處於如此巨大的痛苦我有多遺憾，以及她平安無事讓我大大鬆了一口氣。我又問了一次達雷爾的狀況，她說他仍和她父母住在一起，受到妥善照顧。我們一起討論她知不知道自己為什麼服藥過量。她說：「我向來容易對食物、酒精或藥物上癮，那能停止痛苦。」她解釋自己並不是想死，服藥過量只是一種止痛的方式。「我承受不了……我能看見接下來幾十年沒有米榭爾的日子。就好像我的頭在水面下，當我抬起頭呼吸，新鮮空氣在肺裡的感覺很好，然後我又想起米榭爾死了，這把我拖回水中。」

我希望她能相信我會盡己所能幫助她，但這必須我們共同努力：我們要一起合作，讓她安全。我希望她知道，雖然我很關心她、我會回應她，但我無法為她負責任——意思是，專業上我有責任去支持她尋求最大利益，但我不會、也不能為她這一生中所做的行為或決定負責。我問她，我們是不是可以為她擬一個不自殺協議，並在她的手機裡添加幾支緊急聯絡電話，如果她出現自殺念頭就可以撥打。

我的心跳得很厲害，因為我仍舊十分擔心她。我問她是否還有自殺的想法，她摀住臉，說她很怕自己會「不經意殺死自己」。我告訴她，我為她感到很害怕，並問：「我們還得做些什麼，才能保護妳和達雷爾？」

她同意去見家庭醫師，我在她和我一起時打給這位醫師。她決定在這種危機時刻與達雷爾一起待在父母家，需要讓媽媽照顧她；在這種時候，她變回年幼的孩子，內心不夠成熟到足以照顧自己。她答應如果又有自殺念頭會通知我，我也說會盡快回應她。我向她解釋我可能無法一收到訊息就即時回覆她，但我一定會回覆。離別時，我們互相擁抱，她小聲地說：「幫幫我。」我向她保證我會幫她。

我之後得知，她那天就去看醫生；他給她開了藥，請她每週來找他一次，持續一個月。他也約好與我碰面，以便討論如何共同照護她。

等待藥物生效的那幾個星期，凱莉的心情反覆無常。她在讓自己好過和不好過之間游移，時好時壞。讓自己好過是很重要的一步，因為在那之前，她都不允許自己暫時脫離痛楚，認為那是背叛了她對米榭爾的愛。

我也得知更多她和父母之間的關係：他們愛她，卻不懂如何和她談話，因此她不覺得他們「認識」她。他們顯然是好人，米榭爾死後，他們大大展現了對她和達雷爾所付出的心力；事實上，凱莉沒有他們絕對應付不來。他們對她的愛沒有保留，只是不知如何用語言清楚表達情感。他們以行動表現愛，不用說的，而對凱莉這種非常敏感的人，這樣並不夠。凱莉頭一次發現，尤其是她爸爸沒有接受她的愛、沒有明顯體會到或享受她的愛，讓她覺得脆弱。她哥哥彼特是她的救贖，她能對他打開心胸、表達情感。

凱莉的混亂狀態會傳染，讓我也內心騷動，難以維持情緒穩定。我想出「小東西」這個點子，那是一個她可以放在口袋的小物品，象徵我們兩人都不可能完全做到的各種事物，將抽象的療癒內涵賦予具體形像。她很喜歡這個點子。我把我的特殊石頭——一塊閃亮、手掌大小的石英——送給她，凱莉拿在掌心翻轉、撫摸，我們同意應該把它放入她的口袋。後來，她告訴我她不時會拿出來在手心把玩，感受它古老的質地，並將它與我們的面談相連結。在心理治療的領域，這叫做「過渡性客體」，對她很有效。

她開始參加戒酒聚會並獲得一位協助者，窺見「放手交給神」這個哲理的些許真諦：放開個人的意志以求康復。凱莉太害羞，除了自己的名字什麼也不敢說，但聆聽成員說話，讓她也能反思自身。我們聊到她的危機——當時她有多接近死亡，以及那把我們兩個嚇得半死。我們思考能否更早看出徵兆，討論她能如何保護自己。

她說：「我會感覺情緒累積好幾天，內心混亂一片。」

我問：「妳能不能提早告訴我？未來妳能察覺那個時機嗎？」她同意會讓我知道。

我們漸漸瞭解到，凱莉的混亂源自一個讓她「有點發瘋」的故事情節。在她心中，米榭爾還活著，她是被他拋棄了，雖然她的腦袋很清楚他死了。他拋下她的這股憤怒，蓋過她人生中的其他事物。某種程度上，她覺得只要她夠生氣、夠努力爭取、吼得夠大聲，就能把他找回來。但當她開始覺得好了點，這些想法又把她推進絕望的深淵，因為她再次瞭解到，他不會回來了，這簡直像是要她一而再、再而三地重複面對失去。沒有他的人生，在她心中的畫面是「一片黑暗」，每到這時她就會不吃不喝、不要人陪、不工作、不照顧兒子，停止所有一切正常女性會做的例行活動。

我發現凱莉是那種天生高度敏感、像少了層皮膚還隨處遊蕩的人，再加上她的父母不常表露情感，讓她面臨人生困難時便容易受傷。米榭爾就像她缺少的那層保護皮，如今他走了，使她感覺比過去更無助。例如買東西忘記帶走信用卡這種事，大多數人只會覺得出了差錯真倒楣，但凱莉會將它視為大災難，陷入自責和羞愧的循環，得要好幾天才能恢復。

我們共同的努力進展得很緩慢。她很難讓自己再度相信生命，有時會假裝自己毫不在乎，一副「去他媽的人生」的執拗態度，但那不是她真正的感受。她擔心如果讓自己不再疼痛，便會失去米榭爾在她內心的模樣。她一遍又一遍地讀他的簡訊、親吻他的照片，表達對他的無盡思念。當我們出現關鍵體悟，明白該如何調適她的失去，想辦法和喪慟的複雜與矛盾共處時，彼此都覺得鬆口氣。她瞭解到她不需要完全變好或充滿喜樂：她可以生氣、可以悲傷，同時允許自己與正在成長的達雷爾度過美好時光。她可以自由穿梭在憤怒和快樂之間，就像在各個水窪跳進跳出。

數個月後，她變得比較冷靜，沒有酗酒、正常上班、養成「好習慣」。我們一起想出的療癒藥方，包括一個星期跑步兩次、冥想兩次和寫一篇日記。隨著時間過去，跑步、冥想與書寫的結合大為減緩她的焦慮與抑鬱，可以停止服藥（這幾項活動的組合效果極強，因此被納入英國國家健康與照顧卓越研究院的指導方針）。一位警察朋友（凱莉極少數提過的朋友之一）告訴她ＪＦＤＩ這個縮寫，意思是「他媽的做就對了」，這彷彿一記當頭棒喝，讓她笑出來；她把這個縮寫設成手機的螢幕保護程式。

就在這個時候，我聽她說起數學老師伍利先生，這正是凱莉童年遺漏的那塊拼圖。我和她一起探索「我很笨」這句反覆在她腦中出現的話源自何處，她當場在我面前變回九歲的自己，小心翼翼地說出這段往事；一想起他，凱莉就滿心羞愧。很多次數學課，伍利先生會叫她到教室前面，問她一個問題。不管問題有多簡單，她都沒辦法回答，理由不是她不夠聰明，而是她完全無法承受被人以那種霸凌的方式暴露在全班面前。「我站在那裡啞口無言，他就一直等。我感覺度秒如年，然後他大聲叫我回去坐好，讓我覺得完全被羞辱。這種事常常發生。」

任誰都會因此受到影響，尤其凱莉這麼敏感，她自然無法應付。凱莉的母親曾反應過此事，但沒有人處理。伍利先生霸凌造成的後果，讓我非常憤怒。凱莉的羞恥感隱藏在她的日常生活，每一個互動都讓她自覺像伍利先生課堂上那個九歲女孩一樣笨。她覺得「我很笨」就好像烙印在她額頭上，她必須先克服這種恐懼才能跟人對談。我們對伍利先生（現在改名為**混蛋先生**）共同的憎惡，成為我們之間重要的連結點。

此時，我們已經一起努力了兩年，凱莉正帶著困惑面臨人生的下一個階段。她知道她沒辦法留住光陰，但仍持續覺得過著正常生活讓她心頭一沈。她好想伸出手，將過去和現在擁抱在一起。她抬起頭詢問我，但她說話的對象好像是米榭爾：「如果我往前走，你會原諒我嗎？」

我們談到她知道並相信自己隨時都可以接觸到米榭爾——他就在她心中。她已經明白，雖然他生命逝去，但她不必停止愛他，只是她還無法完全接受他走了，這個事實有時仍會冷不防地襲擊她。她重重嘆口氣說：「幾天前，我要填寫最近親屬的欄位。我不知道要寫誰……我不是任何人生命裡的『另一半』。」我注意到凱莉開始穿有色彩的衣物；雖然不鮮豔，但不再是黑色。這是她面對現實的一個新層面正慢慢帶她前往不同的未來，這雖然不是她計劃的未來，至少是她可以有個人生的未來。

凱莉說，她希望她的感受能夠整齊有序，就像她放襪子的抽屜一樣有條不紊。可是人生混亂、艱困、難以預測，她痛恨掌控不住的感覺。她也為失去和米樹爾在一起時的自己而感到悲傷。當他成為她生命中的一部分、愛著她時，他改變了她：「我覺得內心更強大，很快樂，非常、非常快樂。唉！我永遠不可能再那麼快樂了。」我們承認她不可能再跟從前一樣，但她或許能成功轉換成另一個不同的自己。

凱莉有一天讓我十分驚訝，她說她想聊聊該如何處理米樹爾的骨灰，他的骨灰罈擺在她床邊已經兩年了。他的父母希望把骨灰灑在他以前踢足球的公園裡。他們倆曾在那裡度過許多時光，她同意這個想法。一部分的她永遠不想放手，但又有一部分的她覺得這麼做才對。現在我們的談話以很熟悉的模式進行，一下推、一下拉，沒有定論。數週後，她宣布她做出決定了：她要這麼做。於是家屬敲定日期，並邀請他的摯友。

我們聊到要怎麼告訴達雷爾。她現在曉得她必須告訴他事實，對此他總是非常好奇；如果她提起這個主題，可以任由他問他想知道的，不必強迫告知他不想知道的事。她曾對他說：「你已經知道，爸比死了之後，身體就不會再運作；他感覺不到任何東西，他的心不再跳動。我們會把他的身體放進一個特別的金屬箱子，箱子會變得很燙，直到他的身體被燒光，只剩下骨灰，也就是小小塊的骨頭。我們一直留著骨灰，現在我們要把骨灰灑在一個非常特別的地方。」聽起來有點殘酷，但達雷爾就跟大部分的孩子一樣，對死亡不像大人那麼反感。他問了很多問題：箱子有多燙、那個地方為什麼特別，最後凱莉講了有關爸比的逗趣故事來結束這段談話。整個儀式十分簡單：由米榭爾的父親灑下骨灰，因為凱莉做不到。他們靜默一陣子，接著唱起福音聖歌，邊哭、邊笑、邊唱。這個決定做對了。

凱莉在百貨公司的工作表現良好，而且換到不同的職位，這喚醒了她並未與米榭爾相繫的那部分自我。她偶爾會出門，旁人雖然勸她和別的男人約會，不過她還沒有準備好。戒酒聚會成為她生活中很重要的成分：她開始能在眾人面前說話，他們則為她介紹新成員、建立她的自信。我從她最近說「哈囉」的方式看出她的感受不同了，她彷彿帶著大大的笑容，踏入那個「哈囉」。

痛苦仍會襲擊她，但她已經能夠深入內心撫慰自我。她說：「以前我沒看到他的臉，早上就起不來。但最近只要我專注心神，就能看見他的笑容，那幫我度過難關。」她是一個這麼充滿愛、值得人疼的女子，我不希望她孤獨一人。

我說：「我想再次看見有人愛妳。」她對我笑了笑——不是第一次見面時那種緊張的微笑，而是閃亮動人的笑容。她表示她依舊瘋狂愛著米榭爾，她不想要「不忠」。我聽出她那熱切的「不」，心想她生命中的這個部分或許將永遠保持暫停。她或許永遠不會再按下播放鍵，但我希望她會。她的喜悅來自達雷爾，他已經四歲，吱吱喳喳、充滿活力。

我們可以談的似乎越來越少：她的生活更忙碌、也更快樂了。凱莉肯定不會說自己很快樂，但她變得更有活力，並對自己能熬過原本害怕會致她於死地的事情引以為傲。最近她和同事一起大笑，是她多年沒有過的那種大笑，「我真的笑到流淚」。她心中那個受到霸凌的小女孩不再事事驚恐，她也不需要我幫她了。

03 史帝芬

六十二歲的生物學教授，妻子六個月前死於一場可怕的車禍

史帝芬是個有著大肚腩的高大男子，他六十二歲，是知名的生物學教授。爬樓梯到我的諮商室對他來說十分辛苦，進門時他氣喘吁吁，臉脹得紅通通。他身穿剪裁俐落的花呢夾克，腳踏乾淨無瑕的麂皮鞋，顯示出他的品味。

這個男人不會想來看心理治療師，甚至不會真心相信心理治療能幫上忙，他來是因為家人告訴他「你需要幫助」。他姊姊擔心他要不是工作過度，就是大吃大喝；他陷入毀滅性的循環，以麻痺妻子近日死亡帶來的震撼與痛苦。他姊姊打給我，問我能不能見他，我說他必須親自求診。他和我約好進行衡鑑，並告訴我他的故事。

六個月前，史帝芬的妻子珍妮於一場可怕的車禍中驟逝。她去超市，回家途中車子在冰上打滑並撞向牆壁。倘若意外發生在三十公尺前或後，說不定她就能活下來。死亡不講規

律，隨時在生活中出現。她疏鬆的骨質遭受致命撞擊，脆弱的骨頭因而碎裂。

醫院打給他通報妻子出意外時，他正在工作。他到了醫院，被帶進一個濕冷的小房間並獲知珍妮的死訊，接著又被帶到安放遺體的房間。但他無法進去看她，只能走到門口。

我一想到那些「要是……」的殘酷就忍不住顫抖，做個簡單的家事竟能結束某個人的性命。史帝芬輕聲述說，他的目光避開我，在句子之間沈重地呼吸。他以第三人稱說話，彷彿旁觀著他認識的某個人。我心想，他在生活中的每個層面是否都這麼超脫？他似乎是額頭上刺著「我只想要平靜過活」字樣的那種男人。

他告訴我：「打給孩子、告訴他們這件事情，是我這輩子做過最可怕的事。我到現在還能聽見安迪的尖叫，那好像是野獸在嗥叫。」我能想像他的恐懼。葬禮後兒子回家幾個星期，一旦他們離開，他下班回家幾乎是每晚都在喝伏特加。「工作時，我覺得自己好像籠罩在濃霧當中。」工作或許可以讓他分心，但是週末在家，少了濃霧掩飾可怕的事實，他就會暴食與酗酒。說到這個模式時，他低頭看向地毯，我尋思他是不是擔心我在評斷他，不看我是因為不想在我臉上看見對他的批判。

我能感覺他動作背後的寂寞與恐懼，於是說：「麻木自己感覺起來肯定比傷痛要好吧。」他點點頭，似乎至少有聽進我說的一些話。

坐在他對面，我覺得自己的情感很巨大，彷彿我感覺、表達自我的能力可能會令他招架不住。我也有點被他的聰穎學識嚇到，因為我對自己不夠聰明這點格外有障礙，必須更小心不讓我與他有隔閡。然而，那種威嚇感一直存在，我們之間的距離似乎始終沒有消失。我發現自己非常投入、提出很多問題，這是每當事情進展不順時就會出現的徵象。

頭幾次面談，我很好奇他和珍妮之間的關係。她是什麼樣的人？他想念她哪一點？透過這些問題，我希望能幫他找出方法藉由回憶與珍妮連結。我得知珍妮非常迷人，他們二十幾歲相識、交往多年，其間她很想嫁給他，但他一直不確定。他說著說著似乎第一次發現，這就是他們關係當中的長期問題：她埋怨他浪費時間，花了「太久」才娶她，又花了「太久」才決定生小孩。

當我發現自己身為女性，很同情他的妻子時，我趕緊把自己拉回來，站在史帝芬的立場想。他顯然一直搖擺不定，但這來自於他讓事情「按邏輯走、想要安穩」的渴望。他希望賺夠多錢再行動，結婚時才能過得舒適。但他們懷第二個兒子時不太順利，她把這件事也怪到他頭上。

某一方面，生活中少了珍妮也讓他鬆口氣，因為回家後就不必跟她說話。她常數落他這幾年來增加的體重，過去十年兩人完全沒有親密接觸；他總覺得自己對她而言「不夠好」，認為她對他失望又厭煩。他因此很內疚，但他真心懷念的是一家四口相聚的時光。珍妮把家庭生活安排得很好，是這個家在假期、生日、週末等節日的中心。

聽他追憶那些日子，我感覺到情感在他體內滾滾沸騰，雖然他用盡全力壓抑。我輕聲說：「那一定很痛苦吧。」但他不接受，哼了一聲便快速轉移話題。看他緊握拳頭，指甲深陷掌心，我想像他是一個六歲男孩。我不能再逼他了，那只會讓他戒心更重。但我注意到，當他感覺越脆弱，就越會擺出「嚇人的教授」的派頭。

史帝芬有兩個兒子：十八歲、就讀大學的喬治，以及二十四歲、在科技領域工作、與朋友一起住的安迪。我問他兒子們過得如何，他回答：「孩子們過得不錯，可以說很順遂。」他們有時會在週末回家，三個人一起去看他們支持的隊伍踢足球、一起吃飯、一起聊天——談任何事，除了跟媽媽有關的。

他們的家庭文化就是避談任何困難的事，把它偷偷塞進厚厚的地毯底下。史帝芬告訴我，他們家的格言是「說得少、好得快」。我問史帝芬，如果他們偷看地毯底下的東西，也就是談起珍妮，他覺得會發生什麼事？他臉色發紅，一滴淚浮現在眼眶裡，小小聲地說：「一旦開始難過，就停不下來了。」他展現出一絲絲脆弱，讓我們彼此都更瞭解到他為什麼需要壓抑痛苦。

我對他生出一股暖意，發現他其實和他那個時代的許多男人一樣：他們欠缺詞彙來表達自己的感受，覺得這些感受的概念很難理解；有些人甚至不曉得自己在傷心。我建議他們像一家人那樣散步聊天，這樣會比坐著講話來得放鬆，因為彼此的眼神接觸較少；再者，並肩走路似乎能釋放情感。

我建議他可以這樣開頭：「我還記得媽媽……」他同意這是個很有幫助又實際的建議，他能想像和兒子們走到酒吧時這麼互動。就在那短短的連結期間，他似乎發現了與他人相處的新自我。後來他告訴我，這個方法對他們很有效，他有信心再做一次。

每次進行諮商，剛爬完樓梯的史帝芬總要花一些時間調整呼吸，再花點時間進入狀況——應該說是「進入他一向迅速抽離、滾滾沸騰的情緒」。我仍然不清楚這種處理機制背後的癥結；我或許知道他的故事，但還是不明白他的內心世界是什麼模樣；我只能猜測他有多麼悲傷、困惑、憤怒、無力與空虛。

他對妻子的矛盾情結，反映在他對我們的諮商上：他的行程安排必須有彈性，所以無法定期來。相較於許多心理治療師，我算是很能接受彈性安排了，但我直接了當說出心中的想法，問他這是不是他一邊和我對談、一邊又想離開的做法。他徹底否認：「不不不，這只是很實際的行程安排，別解讀成其他意思。」

我想知道他是不是仍處於工作過度、週末暴飲暴食的循環，但我不想讓他覺得羞愧，也不願像老媽子那般叮嚀六歲的那個他。我猜他仍困在上述的模式裡。為了縮短距離，我必須找到與他共通的經驗。我發現史帝芬和早期的我有點像，那時候我很封閉，困在故作堅強的模式裡。這種行為有時相當有用，甚至有其必要，但此模式並不適用於所有情況。例如，當我們期待親密關係能夠有所成長，就得轉換到另一種情感狀態。

我問史帝芬，他小時候會用什麼方式來面對困難。他說他來自北方，雖然他完全沒有北方口音；他出身於工人階級的家庭，母親是虔誠的愛爾蘭裔天主教徒，總在生氣、十分專橫。他父親來自泰恩賽德，是很厲害的建築工人，焦慮、安靜、充滿愛，卻是個酒鬼。這根本是武裝自己、抗拒感受的男人會有的典型教養背景，尤其是他們對女性的感受。我瞭解越多，就越能同理、體悟他的美好和脆弱，同時不被他豎起的防備擋開。

史帝芬的雙親那代歷經第二次世界大戰，養育孩子的主要信條是「不打不成器」。他在學校得到解放，他發現自己頭腦很好；他沒交到多少朋友，但學業表現優良，考試成績更是好極了。學習令他興奮，至今仍是他最大的樂趣來源。他可以花好幾天研究論文，循著一個想法直到獲得有邏輯的結論。他不特別愛教書，但偶爾會因教到聰明的學生而驚喜。看他談論自身專業，我才發現我完全遺漏掉這一點：這就是他存放情感的地方。他熱愛他的專業領域，他的心就在他的智識生活中。

史帝芬不知道怎麼碰觸情感的自我，他也不想要。我從他的眼神可以看出，光是想到這點就讓他警鈴大作。當我請他閉上眼、呼吸，專注在體內的一個圖像時，他什麼也看不見；他完全不想去那裡。我覺得自己提出這個建議真蠢。他無法瞭解這件事，就像我不瞭解他的生物學專業。

看足球比賽與追蹤相關報導，都是能讓史帝芬大大放鬆的活動。他小時候常踢足球，表現也不錯；雖然他現在已經沒有能耐再踢球，不過去現場看球賽仍是他每週固定的自癒療方。史帝芬無法想像自己會對其他領域，投注對足球這樣的熱情。聊起支持的球隊、描述比賽畫面時，他眉飛色舞、活力十足，從中我比其他時候看見更多的他。這是他和兩個兒子重大的連結點，使他們擁有一股貼心的歸屬感與親密感。

某次諮商時，他說：「有人提出高薪，要聘我到美國工作，我對這個提議不感興趣，錢對我來說沒有意義。我想買時間，但沒有這個選項。」我告訴他，這是一個很有意義的比喻，他對我笑了笑，雙眼情感澎湃。珍妮過世肯定撼動了他認為死亡只會發生在別人身上的幻想。他現在對自己的死亡很敏感，終於體認到人生的價值。他說：「我要確保每天都活在當下。」接著他引述歌德的名言：「我要勇敢地跳進生命的最深處。」

我斷斷續續和史帝芬諮商約十次時，他說他開始約會了，令我十分驚訝。對方是來自南美洲的女子，他們在交友網站認識。我很訝異他會利用網站交友，這不是我預期他會做的事。我知道研究顯示男性傾向好好過日子，會動念找個人取代亡妻，女性則傾向悲傷得更久，但每當我看見男女大不同的反應時，總會再次感到震驚。史帝芬絕不可能已經結束對結縭二十七年妻子的哀悼，她才過世不到一年，但現在他已經展開一段新關係。他對這段戀情十分期待，整個人似乎更有活力，還很滿意自己。

我發現自己因為聽過太多類似的故事，於是有了成見：男人結新歡、女人獨喪慟。然而當我看著史帝芬，我為他感到高興。我發現他已經寂寞了很久，事實上從他妻子死前許多年就開始了；他們超過十年沒有親密接觸，僅有的幾次聽起來也只是敷衍、不帶感情的例行公事罷了。這名新歡能否天長地久並不重要，她為他在生理和情感方面點燃新生命，現在的他充滿了以前從未有過的希望。有種親密唯有透過性愛能創造，理智思考暫且放一邊，由動物天性接管。藉由這名女子，史帝芬能夠連結年輕的自我，滿懷希望、獲得解放。現在的他充滿各種可能。我常常看見一段充滿愛的關係，能帶來莫大的轉變：那些似乎關在脆弱盔甲裡的人，可以因為重新被愛而閃閃發亮。

我後來再也沒聽說史帝芬發生了什麼事，因為他不曾回來。我有時會想到他，想起那個高大、圓胖又聰明的男人，思想比人更能點亮他。

悲傷練習

我們大部分人都想找到一個伴侶，一起建立有意義的人生，體驗生命的喜悅和困難。愛一定充滿風險，需要彼此信任才能維持下去。然而配偶許下承諾時，無論是透過婚姻、同居或民事伴侶關係，他們很少考慮死亡，或直到老年才會想到。

罕有事情會比伴侶死亡更叫人痛苦。想像中的未來夢想跟著死去，當下的共同生活（也是兩人共有的一切）就此告終，包括：攜手相伴、感情狀態、經濟穩定等等，都可能因為這出乎意料的變故而受到影響。許多人會以和伴侶的關係來定義自我，當伴侶死亡時，他們害怕自己會支離破碎。他們的喪慟兼具情感與生理層面，嚴重破壞原本穩定的世界。此外，失去伴侶最痛苦的面向之一，是必須獨力扶養孩子。

凱特琳、凱莉和史帝芬都經歷了伴侶的死亡，但也只有這點相同。他們的反應是由許多因素組合而成：基因、性格、與死亡相關的事件都牽涉其中，但他們的人生故事、信念體系及隨之而來的期許，也會產生影響。與伴侶的關係好壞，主導了痛苦的程度和喪慟的過程，不過他們所獲取的支持多寡，也會影響事主在伴侶死後如何過日子。

男女的數量和心態差異

在我的職業生涯中，我遇到伴侶死亡的女性比男性多上許多，但這並不完全符合實際的數據。二〇一四年，英格蘭和威爾斯共有三百五十萬名鰥夫寡婦，約佔人口的百分之七，其中百分之四十八為男性、百分之五十二為女性。女性喪親之後傾向尋求社會支持，男性則較依賴自己的處理對策。

有一點很重要，那就是諮商絕不是唯一的支持形式。和朋友說話、寫日記、畫畫，不管什麼途徑，最重要的是找到表達喪慟的方式。

不同年齡層的喪慟心態

出生於一九六〇年代以前的世代，在伴侶死後通常不傾向尋求心理治療，因為他們從小就被教育依靠自己，認為任何種類的心理疾病都是軟弱的表現。

有趣的是，當死亡符合我們一般對正常壽命的概念，年逾八十的男性面對這種失去似乎會比同年齡的女性更痛苦，要花更久時間復原。我猜測接下來十年的研究，將會顯示目前二十歲到四十歲的男性年紀漸長時，會更可能尋求諮商。這個現象我已經在臨床上觀察到，前來找我的年輕男性數量確實有增加。

長壽或短命的死亡所造成的喪慟差異

從統計數字來看，在大多數伴侶死亡的案例中，亡者是長壽的。活著的一方可能非常悲傷，但他們知道這不是悲劇，因為亡者有達到正常的壽命長度。此外，倘若亡者是久病離世，尤其是飽受病痛折磨、總算解脫時，這種死亡會讓人鬆口氣。伴侶不再需要擔任照護者，與之相關帶來的諸多個人自由限制因而解除，所以可能會出現如釋重負的感覺。

當伴侶年紀輕輕就死去，生者的喪慟可能會更強烈：活著的一方不僅哀悼死亡，也哀悼原本期待一起度過的未來。如果是突如其來的死亡，悲傷的程度又更加劇。即使伴侶年紀很大，措手不及的死亡仍能導致同樣強烈的失落感。

喪慟造成的生理影響

一個令人難過的事實是，喪偶之人比一般人更容易罹患心臟疾病。喪偶者罹患心臟疾病的機率是全國平均的六倍，「心碎」這個概念確實言之有理。

近日的一些研究指出，活著的伴侶在另一半死亡後的三個月至幾年內這段期間，死亡率會增加百分之六十六。細胞化學和生理學的新進展也支持這項說法——與沒有在喪慟的人身上取出的活體細胞相比，從喪偶者身上取出的細胞表現較為低落。

喪偶的男性

依我的經驗，五十幾歲以上的男性常常不願意尋求支持，但這對他們一點好處也沒有。研究顯示，男性若不承認自己的傷痛、憤怒和困惑，罹患心理和生理疾病的可能性更高，也會變得更抑鬱。此外，在喪偶後的兩年內，男性的死亡率比女性更高。近日一則心理健康報告指出，年長男性尋求心理支持時會面臨很大的困難，因此建議採取不同的手法來處理這個問題。

如我在史帝芬的故事所提到的，男性傾向在伴侶死亡的一年內展開新戀情。如果沒有找到新戀情，喪偶三年以上的鰥夫會比喪偶之前更怨懟。

社會支持的重要性

社會連結與情感支持對男性和女性的健全心理都很有益處。女性傾向放開心胸、表達自我，這是很重要的療癒元素；她們通常也有廣大的朋友圈，使她們擁有心理上的優勢。男性則不會透過朋友獲得他們所需的支持，因為男性很少主動求援。

經濟方面，男性普遍比女性賺得更多，因此女性喪偶之後會比男性背負更大的經濟壓力。她們可能需要搬家，被迫變動孩子的學校生活和友情；或者她們可能需要找工作，但因為單親養育孩子的相關問題，找工作會非常困難。

藥物和酒精

喪偶者加量攝取酒精或藥物，以麻痺喪慟的痛苦，是很常見的狀況。我們或許知道這個習慣很不好，但仍然執意去做。這可能是因為我們還沒完全認知到酒精有鎮靜效果，也沒意識到喪偶時我們會更容易陷入成癮，因為身體的防衛機制不如平常那般有效。

服用藥物或酒精來應對憂鬱，只會使其惡化。經歷焦慮和憂鬱的人，有兩倍的機率陷入重度飲酒或有酒癮問題。英國感到憂鬱的人當中，有三分之一同時有藥物或酒精成癮，這個習慣的根源，通常是沒有妥善了結失去的經歷。

重度飲酒和酒精成癮之間的界線很難區分，對酒精或藥物的個別心態通常是區分二者的差異。成癮者和其選擇的藥物形成核心關係，他們之所以使用酒精或藥物，是因為他們相信沒有它們就無法正常運作——酒精或藥物控制住他們。至於重度飲酒者，或許常常狂飲、喝了太多酒也可能養成對酒精的依賴，但他們相信自己仍握有掌控權。

成癮經常在家族間流傳，可能是基因體質緣故，也有人相信是個性使然。但成癮代代相傳最可能的成因是「制約」：孩子從父母身上學到，可以用酗酒或吃藥的方式來面對困難。

無論濫用的原因為何，藥物和酒精會增加喪偶者面臨負面後果的風險，並影響到他們的孩子，甚至禍延數代子孫。成癮讓人不必接受現實，而正是這種絕不願承認現實的決心，阻礙人們越過喪慟、向前邁進，好好運用上天賜予他們的生命。

性和感情

凱特琳和史帝芬對性的需求，是健康生物面對死亡時的正常反應，是一股創造新生命的衝動。喪慟之人常會試著連結自己情慾的一面，好抑制死氣沈沈的感受。性衝動是我們愛玩、有創造力的那一面，希望尋求活力和不可預測性。對那些感到孤獨、覺得與他人疏離的人而言，性也可能是寬慰的來源；當生命中的脆弱使他們無法招架時，會想緊緊抱住一個人也是常見之舉。

但寬慰如果變得極端，性就成了不顧後果的行為。人們衝動行事時，或許是不想再有任何感受，也可能是因為反正這下子人生感覺危機四伏，他們很想測試危險的程度。還有一種極端是完全拒絕性愛，我曾遇過許多這種案例，他們可能是在生理上精疲力盡，也可能是任何愉悅都令他們內疚。有些人甚至覺得亡者一直守著他們，導致無法和別人展開新戀情。

對那些確實向前邁進的人而言，所需面對的最大困難就是孩子。新戀情無可避免會影響到孩子，無論他們年紀尚幼或年長。要抵達大家都能接受的完滿結局，端看過渡期如何處理。我常看見青少年、甚至成年的孩子，難以接受尚在世的父母有了新戀情。

一名二十歲喪親的女兒這樣總結發生的衝突：「我希望爸爸快樂，也喜歡莎拉，但我覺得他好像在對媽媽不忠。我討厭她在媽媽的床上、媽媽的房間；一看到莎拉在廚房煮飯，我就想尖叫。」她會待在自己的房間，直到爸爸的新女友離開後才出來，以示她的不贊同。

這種情況下，父母必須非常敏感，同時也要有極大的耐心與恆心；不能妥協，也不能在孩子要求犧牲新伴侶以對得起死去的父母時大發雷霆。你可以試著說：「我現在和吉蓮在一起，你無力阻止，但我真的明白這讓你很沮喪。我們來想想怎麼做會有幫助：例如，找個只有我們兩人的相處時間，還有一些我們或許可以和吉蓮一起做的事……」

死亡結束了一個生命，卻沒有結束一段關係，生者常常難以解除一個看似無法了結的矛盾。我們必須更加認識到，身為人類，我們有能力擁有許多關係，把過去的愛和現在的愛同時放在內心。了結喪慟並不是回到過去的人生，因為我們無法回頭。就像一位喪偶的妻子所說，那比較像是一種新的正常狀態。朋友和家人不能催促這段過程，他們可能會想為喪偶者安排新戀情，以「治好」對方。不管立意多良善，這麼做通常會以災難收場，因為復原與適應所花的時間，可能比大部分人以為的要久。

同樣地，如果覺得對方太快忘卻伴侶的死亡，「可以接受」的時間還沒過去就結交新歡，朋友可能也會變得太過苛刻批判。花時間聽這些朋友解釋觀點，會比生氣地疏遠他們來得好。喪慟沒有對或錯，不管是對自己或是對他人的喪慟，我們都必須接受喪慟的任何形式，並且找到力量與它共存。

第 2 篇

來不及孝敬的父母

亡者的生命，活在生者的回憶裡。

——馬庫斯・圖利烏斯・西塞羅（Marcus Tullius Cicero），古羅馬哲學家

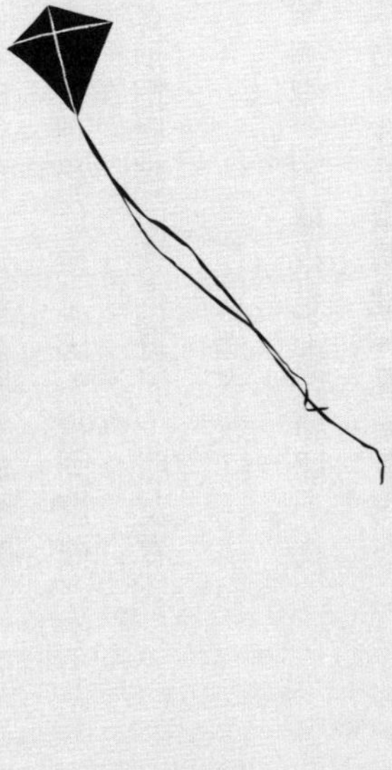

01 碧姬

五十二歲的律師，母親突然死於心臟病病發

和碧姬見面前，我們在電話上聊了很久。她是一名五十二歲的律師，母親心臟病病發驟逝。她生氣地說，每個人都叫她要「撐住自己」，但她根本不曉得那是什麼意思。我同意被別人說你需要支持很惱人，但我也補充說，有些人可以因朋友拍拍肩膀而獲得寬慰，朋友看他們可能比他們看自己更透徹。

那通冗長的電話也跟掌控權有關——我和她各會掌控什麼。她想知道我是怎麼諮商；我會對客戶使用哪種心理治療模型？這能幫助她嗎？我怎麼「知道」我能幫助她（答案是我不知道）？此外，敲定一個我們都能配合的日期非常困難。我的控制毛病不斷浮現，因為碧姬一直要求在很晚的時段面談，但我晚上從不工作。我心想：「我晚上不工作」到底哪裡說得不夠清楚？

她的問題讓我惱怒，我認為她是故意這麼做來測試我的底線。我猜想她也對是否該尋求幫助在自我掙扎，她或許不想成為需要心理治療的那種人。經過六個月時斷時續的通話之後，我們終於見面了。

碧姬和我想像的完全不同。她比想像中嬌小，她的打扮無懈可擊，棕色長髮做成完美的造型，十指還塗上指甲油。我不禁想，她這麼努力工作，又要照顧一個孩子，竟然還騰得出功夫這樣打扮自己。她很緊張，但坐得直挺挺的，只有敲手指的動作洩露出她的緊張。

我很高興終於能見到她，有機會多認識她這個人。我十分尊敬她尋求幫助的勇氣，這與她平常的處理方式相違背，顯示出她一定非常痛苦。為了讓她更清楚狀況，藉此減輕她的不確定感，我重申我的諮商方式：收費、合約上的對談次數、以人生回顧來進行、我的筆記、保密協定及打破它的唯一原因——如果她可能傷害自己或他人，我有義務聯絡她的醫生。

她內雙的眼睛戒備地觀察我，看來她得花些時間才能信任我。我請她說說自己。她在德國出生，是一位工程師的獨生女，母親在世界各地工作。她十六歲起定居英國受教育，雙親退休後也來到英國。她的口音非常輕微，措辭謹慎。她很擔心父親，很愛丈夫湯姆和十多歲的女兒潔兒瑪，女兒的名字與碧姬的母親相同。

當碧姬的爸爸打電話告訴她母親昏倒了，必須馬上送醫院時，碧姬正在工作，幸好不是在法庭上。車程四小時，她說搭火車的那段路途她好恐慌，不知母親是生是死。她跑步進醫院，跟著明亮走道上的指示牌走，卻還是迷路了。最後她來到空蕩蕩的診療室，終於見到母親，但母親已經去世。

「她看起來就像媽媽，但她已經走了。那不是她。我觸摸她，她冷冰冰的。她兩小時前走的。」我注意到碧姬在發抖，頓悟死亡的冰冷仍存在她體內。她像機器般述說，她的腦和心沒有連結，彷彿她告訴我的是發生在別人身上的故事。

由於碧姬的母親是突然死亡，驗屍官必須進行驗屍，這讓碧姬很難過。但結束後，母親的遺體完好如初，碧姬很高興能在下葬前再見母親一面。「我坐在她旁邊，沒有很久。我在她的額頭輕輕吻了一下，對她說話。」碧姬將母親最喜愛的玫瑰花放進棺材，為母親穿上最棒的衣服並套上襪子，因為「她的腳總是很冰」。

家屬安排在葬禮前將遺體送回家，「我們希望她能再見她的花園一面。」他們選了一個閉式的柳藤棺材，所有家屬都來道別。碧姬不太記得葬禮過程，一切模模糊糊就過去了，她真希望她有把葬禮錄下來。大家一直對她說「妳做得很好」、「妳好勇敢」。她不覺得自己勇敢；她感覺好像飄在體外，觀看一部超現實電影。她想從中醒來，確定母親就在身邊。

幾個月之後，我發現碧姬和她母親非常親密。她們每天都會通話，有時一天好幾次，她母親每天早晚都會傳簡訊給她。我的腦海中浮現了哺乳畫面；我沒有說出來，怕會讓她覺得丟臉，但這能讓我有效比喻她們親密的連結。她認真工作、想要有所成就，全是為了媽媽。每當碧姬碰上什麼好事，她總是最先告訴媽媽。我能看出她很費力想找到表達自我情感的話語，一部分的她似乎努力壓抑那些話。她小心翼翼說了「我」，接著大哭「我好想她」，彷佛說這些話、面對這個事實會將她打碎。但隨著她流出的詞語和眼淚，她發現所擔心的破碎其實是個開口、一種釋放。

過了一會兒，她帶著孩子氣的叛逆口吻說：「現在安慰我的人應該是媽媽。」然後瞥我一眼。我知道我不能取代她的母親，沒人能。我知道那種黏住別人不放的感覺很可怕，因此學習自我安慰的最佳方式才會如此重要。

某次諮商，碧姬說她前一天像野獸般嗥叫，嚇到了自己；在我聽來，卻覺得她終於開始喪慟的過程。她害怕剩下的人生她都會這麼思念母親，媽媽的認可一直是她做每件事的動力，如今她對自己的成就再也感覺不到有意義或價值。我反覆聽到她說，驅使她成功的是媽媽容光煥發的自豪、滿足的表情和充滿愛的擁抱。現在，她無法肯定自己真正能相信的是什麼了。

碧姬靜不下心來。她會接下自己很清楚沒時間完成的工作，我們討論她為何會給自己出這些實質上在懲罰自己的難題。答案和掌控有關，當她沒在工作，就會失去控制：不斷在渴求、尋找媽媽。她唯恐再也喚不起腦海中媽媽的影像，怕會忘記媽媽。她強烈想念媽媽的存在，會重播媽媽的語音留言，渴望爬進電話裡找到媽媽。

對死亡的憤怒仍鎖在她心中，她不曉得如何走出來，那是一股安靜的憤怒。碧姬沒辦法踏足曾和母親一起去過的地方，甚至無法經過星巴克、颯拉、她們最喜愛的當地餐廳，於是她選擇繞道來迴避。某些音樂（例如歌劇）能帶給她安慰，有些則會令她陷入哀傷。當她終於入睡，卻會哭著醒來。她必須逼自己起床，一想到要面對新的一天就令她畏縮；只有跑步能減輕痛苦，因此她每天都晨跑。

碧姬覺得，母親還在時的那個她，跟沒了媽媽的這個新自我，兩者之間出現分裂。先前存在的舊碧姬，已經跟著媽媽一起死了。她的丈夫湯姆一直說會照顧她，但他無法取代她母親。他越來越洩氣——他想要以前的碧姬回來，但碧姬很確定過去的自己再也不可能回來，新的她又一直對丈夫大吼大叫。她一副失去母親很痛苦，她愛怎樣、就怎樣的態度，這覆蓋住丈夫可能會有的需求，相對也讓他很生氣，沒有去呼應她的悲傷，使得他們困在這個反覆出現的痛苦循環裡。

碧姬也對女兒潔兒瑪失去耐性，使潔兒瑪既埋怨又想念母親。潔兒瑪說碧姬這樣很「可悲」，深深傷了碧姬的心。碧姬開始載女兒上學，試圖保持彼此的關係，但潔兒瑪不跟她說話，導致碧姬又斥喝女兒。

諮商進行好幾週後，碧姬形容自己「因為悲傷而落入歧途」。哀悼沒有讓她成為更好的人，反而是帶出她內在的「怪物」。我必須幫碧姬整合不同的她。她覺得過去的自己已經死了，在我看來卻並非如此；我認為母親的死只是帶出一些她從未經歷、肯定也不歡迎的性格面向。這彷彿她會根據周遭環境或身邊出現的人，像變色龍般改變自己的形態：孤寂的孩子；令人敬畏的律師；賢妻良母；以及扎人、沒耐性、動不動就大小聲的母親和妻子。

接著，她終於挖得夠深，帶出青少年的自己：那個「坐在沙發上的胖女孩」。這項發現讓我們的關係開始成長。我常說她一直在貶低自己，這個舉動已變成她內在的一部分，使得她完全沒意識到自己在這麼做。我說這是她的「尖酸委員會」，持續不斷地批評她。

我們進一步探索，慢慢認識了年輕的碧姬。她在學校沒有人緣，因為胖而遭霸凌，她唯一自我保護的方式就是用功念書、考出好成績。她對那樣的自己感到羞恥，雖然這在當時幫助了她，至今也依然對她很有助益。有一天，她給我看她十幾歲的照片，我深深被打動，對她溫柔了起來。以前的她完全看不出她今日的模樣：笑容太燦爛、無光澤的直髮、戴眼鏡而且身材肥胖。當她開始自我貶抑，我們就會使用「坐在沙發上的胖女孩」這個代號。目睹她攻擊、討厭「坐在沙發上的胖女孩」，讓人十分難受。我們承認她永遠不會用批評自己的那種惡意，來跟朋友、甚至陌生人説話。那是一種永無止息的低聲抱怨，具有很強的腐蝕性和破壞力。我的目標是要在她心裡種下覺察的種子，讓她瞭解自己是個有價值、值得受尊敬、被人愛的女子。

碧姬深愛她的丈夫湯姆，他對她的愛一直都在滋養她的自信心，消除她青少年時期以來深刻的自我厭惡。他在生理上受她吸引，愛極了她的身體，光是看著她就很享受，也喜歡觸碰她、和她做愛。這項連結一直是他們關係的支柱，但自從母親死去，她一直不想和他發生關係。前幾個月他能尊重她，到後來他的挫敗便轉成憤怒。這是因為他很愛她——愛的反面不是恨，冷漠才是。而她太專注於自身，沒有看見這點，導致她的直覺反應是更加疏遠他。

他反過來教訓她，說她多幸運能擁有他和女兒、他們在一起的生活，她母親絕不希望她變成這樣。但他這麼做只是把她推得更遠，讓她感覺被大大地誤解。她是覺得母親無時不刻在她身邊守望，在這種認知下她沒辦法做愛。

彼此談了更多之後，我告訴她我可以看見她對湯姆那種咬牙切齒的憤怒，但也能看見只想被媽媽摟抱、安慰的那個小孩。喪慟的痛苦來自於她要把媽媽留在身邊的意念，她完全沒準備好要放棄這個與媽媽唯一的連結。我們討論到她可以同時擁有這兩種層面的自我——不必把湯姆推開，也能靠近母親。她可以允許自己在這兩段關係之中遊走。

工作要求她付出全部心力，這雖能讓她分心，也開始令她疲憊。「在工作與家庭上持續面臨艱辛，讓我覺得左支右絀。當潔兒瑪進入青春期、開始鬧脾氣時，我也想鬧脾氣！」她受夠了當那個必須想辦法解決、總是被人依賴的一方；情緒崩潰這個概念滿吸引她。我問她，她「拒絕」的能力如何？如果她信任自己能適當地說「不」，就不用接受她不想或沒時間做的事，這將能讓她把願意做的事變得正面、有活力。

碧姬明白界線的概念，以及明確果斷說出「好」和「不」能帶來的好處，但眼下的她還無法在生活中實踐。我看得出說「好」——也就是當一個有能力、值得信賴的人——是她自我認同的一個關鍵。在她身心更茁壯之前，她沒辦法調整到更順應自身需求的作法。

碧姬此時付出與愛人的能力非常薄弱。她不喜歡自己對潔兒瑪產生的埋怨和憤怒情緒，但她沒有試著平復心情，反倒把氣出在潔兒瑪身上。「我女兒一直在惹我生氣……都是她的錯。」當我柔和地提出質疑，說她可能把感覺投射給女兒時，她卻大聲嚷叫，說我用艱澀的「諮商術語」批評她，這倒沒錯。我告訴她，她可以對我生氣，之後我們再來談一談、修復裂痕，這對我們的關係很重要。這提醒了我，良好的異議可以是進步的核心，結果出乎意料地出現正面的創造力。

驗屍結果顯示碧姬的母親動脈萎縮，遲早會心臟病發，這終結了碧姬「要是……會如何？」的無限迴圈。她回到母親過世的醫院，謝謝醫師和護理師的照顧；她行過走廊，在母親死後第一次牽父親的手。他們一起去墓地、一起哭。生命中也發生過讓她心頭一寬的好事：有天她在地鐵上靜靜地流淚，一個全然陌生的年輕男子輕柔地遞一張面紙給她。這個很平凡的善意之舉，一直存在她心裡，鼓舞了她。

碧姬仍對母親的死很傷心，但她察覺到親朋好友都認為她現在應該要釋懷，痛苦理當隨著時光流逝而減少。他們再也不想和她聊起母親，期望她「沒事了」、回復常軌、可以快快樂樂地出門。她當然辦不到，導致她疏遠了他們，一波波可怕冰冷的寂寞不斷折磨她，讓她身上每一個細胞都很疲累。

碧姬和我聊起母親時常常會哭。她們倆都很喜歡治裝，花很多時間一起逛街、看衣服、試穿。碧姬的母親很有冒險精神，也因為丈夫工作的緣故住過許多國家，但她致力於扮演好妻子、好母親這樣的傳統角色。然而，她對碧姬的期許不一樣；她灌輸碧姬獨立的重要性，並讓碧姬明白可以透過工作、生涯規劃、發揮智能潛力來達成自立自主。

碧姬度過一個沒有喜樂的聖誕節，往年聖誕節的幸福回憶，逼她面對剛失去的事物。接著，母親過世即將一週年，這對碧姬來說很可怕。喚起回憶的氣味、天氣、數著日子即將到來；碧姬感覺自己被拉回過去，被迫重新經歷母親死亡的每一刻。焦慮變成恐慌發作，讓她衰弱到必須請假。結果，真正的忌日沒有她擔心的那麼可怕：她和父親一整天在一起，去了墓園、一同守夜，兩人就只是坐著，沒怎麼說話或動作，把時間用來懷念母親。

碧姬的悲傷也影響了她生命中的另一段關係，給她低度卻持續的憂愁。有一位工作上跟她最親近的律師同事，兩人同為有兒女的職業婦女，過去會彼此分享在這個要求極高的工作中所面對的壓力與成就。但碧姬說對方表現得「非常爛」，不承認她的失去所帶來的悲傷。

「媽媽過世時，丹妮爾簡短說了一些敷衍的話，像『很遺憾妳的親人過世』之類的，後來就絕口不提了。她沒問我心情如何，也沒提過媽媽的名字。現在我幾乎無法正眼看她。我們以前很親近，一天到晚跑去對方的辦公室，但現在連話也不說了。我很想她，但也很氣她。」

我問碧姬準備做些什麼來修補嫌隙，她的答案是「什麼也不做」。她的怒火更盛，她覺得：「我連想她都不該，我不想讓她佔據我的腦容量，但是每次去上班，這件事就讓我很困擾。」碧姬把和好的想法完全排除在外，雖然她顯然很想念她的朋友，但目前她沒有力氣維持這段友誼。我希望等她覺得好一些時，她能努力解決這個問題；但我也知道，許多友情破裂是因為其中一方不願、不能或不知道如何承認喪慟。

某次諮商開頭，我說碧姬看起來很時髦，她回答：「我心情越差，穿得越好看。」我們倆都笑了。這個笑點蘊含一項基本事實：有時我們需要擁有積極的習慣，來幫助我們起床、出門。碧姬對自己的工作效率缺乏信心，雖然她在法庭上的成就其實一如往昔。

晚上她常常感到挫敗而哭泣，在暗夜裡流著氣憤的淚水；同時要擔起母親、妻子和律師的角色，壓力大到幾乎使她發狂。她說：「我需要一個老婆，而且我要的是一個頂尖的家庭主婦。」我熱切地點頭同意。她確實很需要，她說的對極了。今日的世界盛行忙碌這種病，碧姬就是一個很好的例子。智慧手機簡直和她的手融在一起，完美體現「忙碌就是力量」這種錯誤觀念。她用手機買東西、買飛往美國的機票、排定約會、和世界各地的人談話。然而，因為不斷檢查手機，她關掉了自己的感覺，以及體內出現的各種不適訊號，其中包含了她必須好好聆聽的資訊。這給她一種誤導人的效率感，彷彿只要她跟上螢幕丟給她的任何訊息，她就能完成所有事情。將全部注意力放在手機上，導致她需要熬過無力、無能和不確定感的那部分自我萎縮了。我建議她應該使用冥想應用程式來練習放鬆。她盯著我，一副好像我在講希臘文的表情：「我沒空冥想！」

彷彿這些負荷還不夠重，碧姬也很擔心父親，並且因為常去看他而累壞了。她恨自己無力幫他，目睹他的悲傷與喪慟更加深她自己的痛苦；不過有個意外的好處是，她覺得和爸爸更親近了。他總是沈默寡言、情感內斂，這點並未改變，但兩個人花時間相處，一起做些如煮飯、買東西這樣簡單的事，形成一種陪伴關係，讓她覺得相當撫慰心情。

隨著時間過去，她和潔兒瑪的關係漸漸改善。碧姬發現因為她太痛苦，沒有看見女兒也為外婆的死悲傷。碧姬有看到潔兒瑪在葬禮上掉淚，但因為她沒有多餘的情感精力，就忽略了該和女兒聊聊感受。奇怪的是，碧姬承認自己有點忌妒潔兒瑪——潔兒瑪還有媽媽，她自己的媽媽卻已經走了。

她傾聽女兒對外婆的愛，覺得兩人更親近了。她們最終也找到分享這份愛的方式：一起到外婆家，精挑細選最喜愛的盤子，把盤子帶回家、洗一洗，放在廚房的櫃子上。儘管有著青春期焦慮和對外婆的喪慟，她們發現兩人還是可以一起度過快樂時光，做些碧姬和母親曾經做過的事。

要點出喪慟消退、人生漸漸上揚的確切時刻很難：有時，轉折隨著時間悄悄來到；有時，那是非常劇烈的變化。至於碧姬，接下來的幾個月她發現自己主動選擇去做正面的事情，向我展示她已經準備好再度投入生命。當碧姬因工作和其他活動的緣故，連續三次沒來諮商，我瞭解她真的開始步上正軌，能夠將母親的愛溫熱地存在心裡；她可以跟媽媽說話、問問題，同時又能主動與外在世界互動。某次諮商將近尾聲時，我們進行了一次很美好的視覺想像，她能到內心一處安全的所在，受到母親疼愛，並且感覺平靜。這讓她能駕馭心中的母親，而不是那個悲傷到發狂的孩子。

度過一個很棒的夏天之後，她頂著一頭新髮型走進來，說她感覺和湯姆親近了許多。

我覺得，我們已經完成了碧姬需要完成的一切。她發展了內在的情感力量核心，擁有具體的想法，知道如何支持自己。對於結束彼此的關係，我們倆感覺都很自在；在諮商室創造的安全空間，讓碧姬能度過、認識自己的感覺。我們都知道喪母的痛苦仍會來了又去，但現在她已能自行創造這個安全的所在。

02 馬克斯——在他四歲半時，闖入家中行竊的盜賊開槍射殺了他母親

馬克斯二十九歲，不過看起來更年輕。他在美國出生，但他過去十二年都住在英國；他的父親和第三任妻子搬來時，他也跟著過來。馬克斯高大帥氣，體格強健、五官立體、有一雙銳利的藍眸。他垮著肩，似乎想讓自己縮小，但他散發出來的活力嘶嘶作響，剛才也是跑上樓來到我的諮商室。他剃光半顆頭，露出頸側的刺青，金紅色的頭髮散落在另一側。

我發現自己很想幫他整理一下儀容，看來我真的年紀大了。他引發我的母性，但我必須謹記自己是他的心理治療師。他是個音樂家，靠當ＤＪ來付帳單，偶爾會有吉他串場表演的機會。

馬克斯來找我是因為他和女友米娜分手，他們的關係聽起來很不健康、甚至有害。我並不懷疑他對這段關係終結負有一部分責任，但當我坐著聆聽他陳述時，其異常的程度令我十

分震驚，讓我好奇他為什麼可以待在她身邊這麼久。

他們三年前開始在一起，充滿了愛與刺激。但是前幾個月的燦爛時光過去之後，這段關係慢慢出現毒性和操控。馬克斯渴求米娜的愛，她卻對他冷冰冰的；在他最意想不到之時，她又會誘惑他，但拒絕親吻他，只想要狂野、粗魯的性愛。他覺得她利用性來控制他。他一直試圖要她恢復當初的深情，會在腦海中反覆演練要怎麼跟她對話，但每當他被勾起一絲希望，接下來就會立刻遭受嚴厲拒絕。

有一天，馬克斯偷看她的手機，發現她一直向陌生人買春。他登入她的視訊帳號，要了同樣的服務，並告訴我：「那讓我覺得很亢奮。」他從沒跟她揭露這件事，但他開始瘋狂檢查她的信件，陷入一種上癮的循環。

我問他是否覺得這段關係在剝削他，他似乎聽不懂這個提問，而是一臉天真地看著我，彷彿在說：「妳是什麼意思？這很好玩啊！」他甚至告訴我，當米娜為了別的男人甩了他時，他還在幻想要怎麼把她追回來，他希望和她生小孩。某方面他也知道，她對他只會造成傷害，但另一方面他又自我欺騙，以為只要把她贏回來，所有問題就會解決。

我沒說好聽話，對他直言不諱：這段關係會導致自我傷害和上癮。他的行為符合成癮者的行為模式：獲得再多也永遠不夠；始終明白這對他不好，但就是停不住；想像只要找到神奇話語來誘惑她回心轉意，一切就會沒事了。他離開時若有所思地點著頭，但我知道門還沒關上，他已經在計劃如何把她追回來。

當我得知馬克斯母親的死因，便明白他行為的根源。他們那時住在哥倫比亞，他四歲半，姊姊們分別是六歲和九歲。數名竊賊潛入家中，爸爸追了出去，媽媽也跟在後面，但在她彎身撿拾掉落的物品時，竊賊轉身開槍，子彈命中她的心臟。馬克斯對這件事沒有記憶——他其實完全不記得跟媽媽相關的回憶。他說自己非常忌妒姊姊，因為她們記得她、他卻不記得，這樣很不公平。

「我什麼都願意做……我只想和她吃午餐，就一頓飯，這樣就好。一起喝杯啤酒……不過，我不知道她喜歡吃什麼和喝什麼，說不定她喜歡葡萄酒。」這真叫人心痛，他所期望的是這麼一件小事。大部分的成年子女都將之視為理所當然，但對馬克斯而言，那等同於世界上最有價值的寶藏。

這場悲劇後，馬克斯的人生陷入混亂、支離破碎。爸爸隔年再婚，這段婚姻帶來一個繼女；幾年後又離婚，一家人再沒有和這一任繼母聯絡。第三段婚姻的對象是英國女子，繼母掌有財政大權。他們生了兩個小孩，馬克斯對兩位同父異母的弟弟又愛又恨。他非常討厭繼母，他和姊姊們在她家都不受歡迎。當她把他的房間變成客房，這成為一連串羞辱行為的最後一根稻草。

馬克斯的父親很愛兒子，但他是那種內心混亂、前後不一的人。他聽起來充滿人格魅力，人們因此喜歡他，但他的弱點會對身邊親友造成實質損害。即便馬克斯母親的死法異常殘暴，父親事後的舉措卻過於正常了：結新歡、不斷搬家、與兒子保持距離。對安全感的匱乏，激起馬克斯尋求愛的成癮症狀，偏偏馬克斯選了最不可能滿足他渴望的人。

我問馬克斯希望從我這裡得到什麼，他沒什麼確切的認知：「或許是讓我感覺好一點吧？」他希望我能說出他需要什麼，似乎以為我能給他一本生活指南。我發現他的「不懂」，和我開車因看不懂地圖而迷路時所感覺到的那種羞恥感相似，那是對自身能力不足而覺得丟臉。

我很想叫他坐下，頤指氣使地命令他「照我說的做，就能讓你的人生振作起來」，第一步就是別再寄掏心剖肺的長信給前女友。他根本不該再聯絡她。我真的認為他不知道如何照顧自己，分不清對錯是非，做決定時毫無根據。他似乎只專注在尋求歡樂，他會一邊逃離不舒服的事，一邊笑笑地說：「那還真可怕。」我很快明白到，馬克斯真正需要從我這裡獲得的協助，是能讓他有安全感的支持，以及透過諮商來讓他培養出自立自強的能力。

幾週後，他走進來說：「如果來找妳的路上，我出意外死掉，這不就糟糕了？」他沒戴安全帽騎腳踏車，而且在車流中穿梭，差一點就出車禍。他發現自己一直在冒險。「我很愛賭運氣，我徹頭徹尾是這種人。」接著他說出一串他過去的嚴重車禍及差點沒命的事蹟，聽起來十分駭人。

我的心情夾雜著如釋重負和害怕。我告訴馬克斯，我很擔心、也很不悅。我心想他是不是在測試自己，但他的反應只是笑了笑，先說「我是白癡」，然後又補充「我需要有人照顧我」。捕捉到其中的深層意涵，我們一時間陷入沉默。接著他告訴我，他能感覺到媽媽在他體內，而且他仍為失去她而深深悲痛。我不禁尋思，如果我充當馬克斯的媽媽一陣子，這麼做好嗎？

幫助馬克斯最好的方式，似乎是從他忙碌的腦袋和偏執的行為底下，找出究竟隱藏什麼事。我建議我們來進行視覺想像。馬克斯閉上眼，看見自己「在灰色的混沌（limbo）裡，非常孤獨、感到絕望」。我問他需要什麼才能在那裡找到安全，他說自己無法想像出一個真正快樂的處所。過了一會兒，淚水流下他的雙頰，他初步嘗試創造一個「安全所在」，想像了一處舞台佈景，有草地、小溪和一座橋。我請他正常呼吸，試著留在那些感覺之中；它們似乎流過他的身體，從高峰漸漸淡化。

他告訴我，他看見母親和朋友聊天的影像，分外真實。他無法靠近，但輕聲對她道了聲「嘿」。這聲「嘿」深深打動我，那股沈痛逗留在我腦海許久；他這輩子的渴求和她的缺席，濃縮成一個音節。

馬克斯從不遲到，也不會弄錯諮商日期；他這麼缺乏條理，做事居然很有責任感，這還真有趣。他會活力十足地跑上樓梯，坐進椅子上後又動來動去，還會大笑，整個人充滿玩心與吸引力。我們很早就發現，馬克斯的每一項行為都是為了立即得到滿足，結果通常變成長期的失敗。

我想起了安妮．迪拉德（Annie Dillard）*的名言：「我們如何度過一天，當然就會如何

---

*譯注：美國作家，以小說和非小說的敘事散文風格見長，其作品《溪畔天問》（Pilgrim at Tinker Creek）於一九七五年贏得普立茲非小說獎。

度過一生。」因此我問馬克斯：「你如何度過你的一天？」他通常起得晚，然後到處瞎忙。「我超會瞎忙，基本上我整天都在瞎忙。我也覺得自己盡是瞎忙。」不知不覺就到晚上，他什麼也沒做，只好希望明天會比今天更有生產力。如果有人找他玩樂，他會一口答應。有些夜晚他會當ＤＪ，但即便他的夢想是成為音樂家，他卻沒在作曲。

馬克斯的感覺斷斷續續爆發。他會說：「我現在就可以哭出來，我發現我告訴自己要做的每一件事，結果都沒做；做與不做之間有好大一個裂口，但我他媽的不知道該怎麼辦。現在我覺得糟透了。」他大笑，把運動衫拉高蓋住臉，好像想躲避我。

我問他：「如果你現在不笑，你會做什麼？」他僵住了。「我會哭。」

我們漸漸發現，他一輩子都在努力不要傷心，也不讓爸爸傷心。

馬克斯仍會寫信給米娜，我們聊到要讓他相信這段關係已經結束很困難。我輕聲說：「在這個例子裡，接受和美夢相反的事實，是喪慟最困難的部分。」我們將這一點連結到他母親，因為他也無法接受她的死。

馬克斯說他開始瞭解這種痛苦是他與媽媽唯一的連結，如果他不痛，就好像拋棄了她。他流著淚告訴我，媽媽被殺害已經夠不幸了，她不該還被他拋棄。他也明白在更深的層次上，自從媽媽死後，他就開始搞笑、裝活潑，扮起開心果的角色。擔任家庭中的調停人艱難無比，他扮演得太久，逐漸喪失了他與自我認同的連結。

隔週，馬克斯充滿了喜悅。「上禮拜我們談到瞎忙沒做事、以及拋棄媽媽的這些事之後，我回家寫了好幾頁字，這真的是一個大轉折。往後幾天我確確實實感覺很怪，我突然不再覺得自己『不夠好』，而且說真的，我幹嘛要認為自己的表現會比不上別人？這個想法讓我覺得很『能幹』、『做得到』。」那次面談釋放了他的能量，他覺得好極了。

雖然認知有所轉變，接下來幾星期他被一波巨大的焦慮衝擊，淹沒其他感覺，他完全招架不住。他睡不著，頭一次開始擔心金錢和未來；他的腦海浮現孤寡飄零的畫面，害怕他餘生都會苦於窮困。他到朋友家吃晚餐，壁爐生了火，孩子們吃著烤雞，此情此景似乎既平凡又特別。

幾天後他傳簡訊給我：「一切都是因為愛。」他瞭解到那就是他想要的：一個家，一個真正的人生。但在這個當下，他完全不覺得自己有能力建構這樣的人生。

馬克斯越來越緊張，因為他過去所作的每件事，都保證他無法得到他如今想要的。他既沒有得到愛，也沒有付出愛，舉目所見都找不到愛。他克制不住與米娜聯繫，並跟他不喜歡的人上床。他的日子大多過得毫無建設性：他沒幹正事，串場演奏賺的小錢幾乎不夠支應生活。音樂最能撫慰他的心，他列了一份歌曲播放清單，用來幫他重新連結、找回自我。當他提得起勁譜曲、甚至真正去聽譜曲成果時，他會比較平靜，但有時音樂也會適得其反。「妳知道因為很愛一樣東西，反而開始討厭它的那種感覺嗎？」

他的生活當中一直有某些結構，協助他平復失去母親所喚起的內在混亂，於是我們把諮商的焦點集中在那裡。我請馬克斯帶她的照片來，他挑了一張母親站在樹下、看起來光彩奪目的照片。他一邊講她的事，一邊用拇指輕撫照片。他試著在心中尋找母親，卻只找到一塊「沒有她」的黑暗：「我心中有一塊母親形狀的空缺。」

他瞭解到，他所有的行為都是為了填補那塊空缺。「我會把所有東西扔進去：性愛、藥物、找樂子、派對，只要能把那該死的空洞補起來就好。這些物件隨著他內心的漩渦打轉，難怪他無法專注。正如他一貫作風，在正當要描述失去的痛苦有多巨大時，他笑了笑，隨口想打發掉這個話題，倉皇逃離自己的內心。我告訴他，我注意到他有這種行為，但由不得我決定是否要把他拉回來。這種保護機制已經存在二十五年，我沒有資格過早將它拔除，不過我希望這是我們努力的方向。

從一開始，馬克斯就說自己很會找資料。他扮演名偵探福爾摩斯，盡可能蒐集母親的一切資訊。他曾和父親聊過她，那次對話卻令他沮喪，因為父親無法填補資訊；父親倒是提醒了馬克斯，殺死他母親的兇手一直沒抓到，使得馬克斯好幾天壓不住情緒。這些事對馬克斯來說太熟悉了：他愛爸爸，也知道爸爸不是壞人，但忍不住會對爸爸處事過於消極和疏離而生氣。我好想狠狠推他爸爸一把。

他很忌妒姊姊們擁有跟母親相處的回憶，但和她們聊起母親的事蹟，使他更瞭解媽媽。她們告訴他一些記憶猶新的故事：野餐、每晚對每個人唱〈我愛你〉；出門買東西或走路時，她們還記得他被安安穩穩地放進母親背上的揹袋。蒐集到越多回憶，他就越開心，為獲得越來越多片拼圖興奮不已。但接下來，他便停止去找母親的朋友和家人，不再取得更多資訊。他無法好好完成一件事。馬克斯從未停止尋找和蒐集，但他的滿足感並非來自於完成任務，他沈迷的是搜尋的過程。

他為母親喪慟的痛苦開始慢慢浮現，變得非常強烈。「那幾天簡直是一場大災難，我從沒有過那種感覺，人生從沒這麼低迷。我再也看不見生命的光明，放眼望去一片淒涼。我感覺心情狂亂、死氣沈沈。」讓自己如此低迷、折磨到心底，其實是一種解放，不過他發現自己的確在做一些平常不會做的事：和朋友說話。他通常像是一本合上的書，不會對人吐露心事，也不聽人傾訴，但出乎他意料，朋友對他十分有幫助。後來，他從淚水含在眼中，進展到能夠真正哭出來；起初他很討厭哭，但漸漸喜歡了，因為淚水帶來某種釋放感。

他告訴我：「這種不舒服、想要逃跑的感覺很熟悉，總是讓我覺得與人隔絕，但逃到圈外是我一向的處理模式，這真是爛透了。」我心想，我們是否能夠在他心裡找到一個安全的地方，讓他不需要牽涉到任何人。

最適合我與馬克斯完成這個目標的方式，就是透過視覺想像。他敘述自己的心「被敲破、搗爛」，接著出乎我們意料，他看見他的心正在痊癒、重新長好，變得「胖嘟嘟的、很紅潤。它很小顆，不像二十九歲的心臟，好年輕。」我心想，那或許是他四歲喪母時的心臟。他想要保護它、讓它成長，但問題核心在於他需要有個人陪它成長，它無法獨自茁壯。他看不見那個人會是誰，沒有人合適。

我說我可以當那個人，但沒有用，他自覺會抗拒想得出的許多人選。他不相信任何人，只能在內心創造出某個人。接著，他發現自己能以一種「性靈的方式」找到媽媽；她早就往生，所以不可能再次離開。他得要自行努力將這個影像視覺化，它所帶來的力量也極為強大。這個方法奏效了。

接下來幾週，馬克斯心力漸增，他終於看見米娜對他造成多大的傷害。「我騎腳踏車時有個小小頓悟，我常常在那種時候靈光乍現。我總有意無意地製造會讓自己受傷的狀況。米娜傷害了我，傷痛會把我帶去那個媽媽在的地方。」彷彿有人在他心裡按下開關，他突然能夠停止見米娜了。他不再「尋覓其實無法找到的東西」，他也花了一段時間，去釐清不做那些事情之後該做什麼。他覺得被解放了，想重新找一個女朋友，但決定先把時間留給自己——這是他有生以來首次這麼做。

馬克斯開始將精力投注在工作上，並訂立了新目標，要自己少「瞎忙」一點、更果決一些。我們想出一個計畫：他把每天的工作分成五個五十分鐘的時段，每個時間之間休息十分鐘、犒賞自己一下，方式包括喝一杯好咖啡、玩字謎遊戲、看運動賽事、下載新歌曲等等；一天工作結束之後，再給自己更大的犒賞。我們都注意到，五十分鐘的長度恰與心理諮商的時間雷同。這個計畫很有效，他的工作變得規律、心情更穩定，而且不折損他處世輕快、令人喜愛的陽光性格。

這時我們知道任務已經達成，最後的諮商有種苦樂參半的滋味——感到悲傷，同時又對達成的事驕傲。馬克斯告別前的一席話，道盡這一切：「我以前一直找不到東西來填補那個媽媽形狀的空洞——感情、女人、藥物、玩樂……用什麼都補不了那個洞，它們永遠無法成為我想要它們變成的。現在我不必再東找西找，我已經能夠接觸到媽媽了；我把她放進心裡，感覺上她就在那裡。我真的會利用她在心裡的這個事實來幫助自己，如果我需要支援，我有時候會對自己說：『好的，老媽。』我再也不覺得自己在找她了……我感覺我生而為人的感受踏實許多，我不再需要耗費心力才會感覺活著——我做自己也還行。」

做自己的他，狀態比「還行」要好上許多。

03 雪莉兒

母親兩年前死於心臟病病發

雪莉兒的人生毫無樂趣，於婚姻和職場上皆是如此。她母親兩年前死於心臟病，但她還沒釐清她的感受與母親的死之間的關聯。我問她過來諮商是想獲得什麼，她回答：「我想要覺得好過一點。我覺得自己好像活在一顆灰色膠囊裡。」

看著坐在對面的她，我能察覺到我們之間的異同：雪莉兒是五十五歲的黑人女性，口齒清晰、注重穿著。我能與她產生連結嗎？她的灰暗底下藏著什麼？她形容這灰暗是：「無法反光的硬實鏡子，或是一顆腫瘤。我壞的一面都藏在那裡。我無法承受它，我想擺脫它。」

我問她否有什麼特別的原因，才會讓她來見我？她所面對的困難之一，是她工作時很容易生氣。她是小兒科病房的資深護理長，必須非常有耐心，但她感覺越來越無法控制脾氣。打給我的前一天，她有一段很糟糕的經歷：她正要幫一個名叫泰迪的孩子打針，但泰迪不斷大叫「不要」，使得她很想一把拽起他、用力搖他的肩膀，最終勉強及時離開病房。這是她必須尋求改變、做些不一樣事情的訊號。她和丈夫傑森聊過，他建議她來找諮商師。

雪莉兒的脆弱藏在某種冷淡底下，一旦受到觸發就會發動短促而猛烈的攻擊。我試著想像長久以來住在那顆灰色膠囊裡面是什麼感覺，瞭解到任何人要接近她一定很困難。大自然設計出人類時，有一個很殘忍的缺陷：當我們感受到痛苦時，常會發出「滾開」的訊息，或是憤怒難平、拒絕周遭的人。但這麼做所得到的回應，跟我們真正想要、深切需要的「被愛的感覺」恰恰相反。

我請雪莉兒多講一點灰色膠囊的事。「我不知道要怎麼説。我醒來後會覺得鬱悶，必須強迫自己下床面對漫長的一天。我得鼓勵自己去做每一件小事，告訴自己要穿衣服、刷牙洗臉、吃早餐，因為如果我把目光放得太遠，我就會不想下床。妳看（她拿出一張清單），我得一一寫下來：『起床、穿衣服……』。唯一能讓我上班的動力是學詩。我在雜誌上看到這個點子，每天早上搭地鐵時都會坐著讀幾句詩，這是唯一能夠讓我分心、乖乖去上班的事情。」

她的生活顯然十分淒涼，但也展示出她有奮鬥向前的本能，以及對她很有幫助的紀律。

學詩讓我想起尼采的名言：「藝術用冰鑽敲開內心的感覺。」我必須更認識這顆灰色膠囊，但首先我得知道她的生命中還有哪些人存在。

雪莉兒告訴我她在乎的人：與她最親近、幫她度過人生轉折的那些人。她有丈夫傑森和摯友唐娜。她並未重蹈母親的覆轍，嫁給有暴力傾向且喜怒無常的男人；雪莉兒六歲時，全家一起逃離父親，自此就再沒有見過父親。這是一個有意識且聰明的決定，雪莉兒是個高情商的女子，會為自己做出好選擇。傑森的性格與她父親完全相反：安靜、和善、性格鎮定，雖然不會帶給她新鮮刺激感，但她早已見識過「刺激」帶來的麻煩。

傑森是她生命的中心，他真心對雪莉兒感興趣；當他問她一天過得如何，他是真的想聽她傾訴。他會分擔家務，烹飪技巧比她好，她帶著甜甜的笑容告訴我：「他會邊做晚餐、邊哼歌。」她很愛他的穩定。「他是全世界最會擁抱的人。我沒有那麼愛抱抱，但他會大力抱著我，帶給我力量。」

雪莉兒在學校結識知心密友唐娜。唐娜和雪莉兒非常不同：活潑、愛講話、外向。她們會一起笑，常常在週末相約見面。雪莉兒只有兄弟，因此把唐娜當成姊妹。兩人的友情建立在各種回憶上：四歲時塗指甲、十幾歲初吻時格格笑、長大成人、結婚。唐娜會調侃她，直指別人不會明言的事實。

唐娜也很愛雪莉兒的母親，她在唐娜的生活中始終是重要的一份子。唐娜在雪莉兒母親的葬禮上哭泣，之後每當雪莉兒談到母親，唐娜也會傷感起來。但自從母親死後，有許多與母親相關的話題雪莉兒都沒說；並非她不想，而是她不知該怎麼說。

我從雪莉兒口中得知，她對母親是屬於百依百順的關係。「我們是那種外表看來很完美的模範家庭，對內卻偶爾才會出現適當的愛。」從雪莉兒六歲時離開有暴力傾向的父親後，再也沒有任何聯繫，對他也幾乎沒有記憶。她母親會上教堂，對三個孩子有很大的期望，敦促他們用功念書。「她的死法滿可憐的。她很傳統老派，一生都以此自豪，卻死於胸腔疾病。當她站在你這邊時，她會充滿著那種『為你奮鬥』的愛。我現在不太常想起這件事了，但當我母親十八歲來到英國時，她懷抱著這裡是『祖國』的想法。她很尊敬英國，可是她抵達後卻遭遇很多歧視。她和她口中的『怪獸』結婚時還很年輕，但她不願談她的問題，只說『我不喜歡別人管我的事』，然後自己承擔。」

雪莉兒大部分時候都在靜靜地生氣，很少直視我的眼睛。我告訴她，我從她身上接收到矛盾的訊息——「照顧我」和「滾開」——也指出我感覺到她對我又推又拉，然後完全封閉自我。我用自認最善體人意的語氣，說要談論我們之間的關係或許很讓人畏懼，我不會逼她；同樣的，她若對我誠實，我不會攻擊她。她抬頭看我，在這一瞬間我們產生連結，奠定這段關係的第一塊基石。可是接下來數週，她從未真正超越這個模式；她說了很多工作上的事，其餘卻乏善可陳。我意識到眼前的人是「模範雪莉兒」，反映了她先前所說的「模範家庭」。然而，我偶爾會瞥見她藏在保護罩底下的東西。

我漸漸窺知她的家族史。全家逃離父親時，她哥哥被送到照護機構六個月，因為母親找的住處容納不了所有人。母親在餅乾工廠努力工作，賺夠錢搬家之後，哥哥又與他們團聚。她母親一直面對著世上的艱辛，小時候甚至不是由親生母親帶大。我開始瞭解她母親為何如此堅強，那是求生的必要條件。隨著諮商進展，我們發現雪莉兒很愛、也很尊敬她母親，但也為她希望得到的那種母親感到喪慟：她想要一個更可親、更感性的媽媽。

雪莉兒和兄弟在討論母親的葬禮時吵了一架，他們選了自己想讀的段落，卻拒絕她的；她當時覺得事關重大，但現在已經無所謂了。除卻這次衝突，「我們相處得還好。」母親曾經告訴他們：「我要火葬，不准別人挖我的骨。」他們尊重她的遺願。

有時，雪莉兒會帶著些許活力衝出灰色膠囊，尤其在談到十四歲的兒子傑克森時。她會帶笑望著我的雙眼，我能感覺自己的胸膛也脹滿了她對兒子的愛。如同大部分母親，她很難眼睜睜看著他為外婆傷心，覺得「無法承受」。她本能地認為必須中止他的悲傷，想叫兒子「振作起來」，就像她母親曾告訴她的那樣。我們承認安撫孩子通常是與生俱來的母性本能，但阻止孩子去感受內心煎熬也有負面影響。

母親第一次心臟病發到死亡之間所發生的事，雪莉兒始終無法忘懷。「我覺得應該還有我能做的事。」這番話伴隨著發自胸口深處的長嘆。她覺得喉嚨很緊，「好像卡了一塊石頭」。當她一層層剝開害怕失敗的焦慮，一道怒火衝出來攻擊她。她仔細看過母親每一次治療和就診的紀錄，尤其是她沒參與的那些。身為護士，她覺得自己應該比一般人懂更多，但她是小兒科護士，對成人的心臟疾病其實瞭解甚少。她從未和母親聊過死亡，害怕「這樣會帶來厄運」，迷信地認為提到「死」這個字會喚醒不好的神，把死亡帶給母親。她與母親聊過往後的假期、聖誕節的計畫，從來沒有一次提過母親可能離世的話提。

雪莉兒漸漸會說某些不一樣的話語，顯示出她越來越意識到自己的新身分。我開始看見更多的她，以及被她沈默的憤怒所壓住的力量。我請她帶照片，或任何能讓我想像得更清楚的物件，以便我將雪莉兒的母親或她們兩人在一起的模樣具象化。她帶來一整包富含家族記憶的物品：她和兄弟小時候的甜蜜合照、母親最喜愛的胸針和圍巾。這些紀念物靜靜躺在她的大腿上，同一時間她說起全家到牙買加與外婆度假的故事。她描述自己出身於什麼樣的家庭，而她的人生會有這麼多契機，都受惠於母親努力工作，我能感覺到她對母親的驕傲。

她說話時眼泛淚光，下意識拿起圍巾聞了聞；她的情緒完全招架不住，淚水開始潰堤。她把臉埋進圍巾裡，反覆聞嗅、哭泣、擦淚，動作很規律，幾分鐘一輪。母親的香水味，就像普魯斯特的瑪德蓮蛋糕那般讓她回到過去，*坐在母親的大腿上唱著歌，把頭埋進母親的胸膛。我們最先出現的感官是母親的氣味，之後才能聚焦、看清楚母親的樣貌；有些人相信，那也是我們死前最後的感官。

從這時起，我們的進展順利得多，速度也快得驚人。我們總共只進行過六次諮商，但這樣就夠了——她似乎一直在等待解開心鎖。她重新發現了那個盡其所能愛著她的母親。「我以為，如果我擋住她的愛，就可以擋住痛苦……結果這讓我無法好好生活……我太熟悉黑暗

* 譯注：為法國知名作家馬塞爾·普魯斯特（Marcel Proust）小說作品《追憶逝水年華》（A la recherche du temps perdu）中的橋段。主角提到吃著媽媽所準備的一杯熱茶和瑪德蓮蛋糕，當他一口吃下瑪德蓮時，一股幸福又熟悉的往日回憶湧上心頭。

的那一面，這種快樂的感覺像個新朋友，宛如多年以來第一次呼吸到氧氣，而且是不受其他東西污染的純淨氧氣。我開始找回遺落許久的自我。」

雪莉兒比我們倆最初以為的更不平凡。她笑起來彷彿旭日東昇，那是一種發自內心深處、閃耀動人、充滿活力的笑容。她以孩子和母親的身分連結到自我。我擁抱她，兩人都哭了。我感覺我也在為那些努力做到最好、卻仍然不夠好的所有女兒們哭泣。

悲傷練習

一般而言，我們出生後看見的第一張臉，是父母的臉；第一雙握住我們的手，是父母的手。我們擁有的每段關係，某種程度上都和父母建立的基礎有關。他們創造的環境形塑我們的童年，激發我們向善或向惡的自然傾向。他們的心理組成、信念、態度、行為、存在或缺席，我們就像海綿那般全數吸收。

當父母任一方死亡，我們無可避免會受影響，所感受到的強度則要視我們經歷的關係而定。以碧姬的例子來說，我們可能會覺得世界上最愛我們的人已經死了，悲傷到無以復加；我們也可能是覺得鬆了口氣，因為一段充滿失望、彼此傷害的關係終於結束。我們的感覺可能會相當複雜：愛與恨、輕鬆與愧疚。父母過世無疑會讓我們面對自己的死，因為我們將是下一個離開的世代。

我提到的個案狀況大相逕庭，顯示人們對死亡的反應，就和他們的性格一般多樣。我選擇書寫雪莉兒和碧姬的故事，是因為我希望喪慟中的成年子女，能輕易地與她們產生共鳴，也因為這兩個案例或許能讓人們相信，你我所經歷的一切其實都符合常態，是最自然、最普遍的喪慟經歷。

至於馬克斯，是因為亡母對他造成的影響竟會如此強大，即便他只在很小的時候與她相處，這讓我很感興趣。他的故事顯示出我們必須分外關注喪親的孩童，確保他們不至於終生受到折磨。許多成人誤以為隱瞞事實來保護孩童，會比告知他們真相來得好，其實反過來才是對的。

碧姬和雪莉兒雖然經歷一些困難才熬過喪親之痛，但她們都有健全的家庭生活可以依靠，我相信那是幫助她們復原的首要因素。大多數人都深切渴望擁有一段關係、一個有意義的人生與一定程度的自主，雪莉兒和碧姬在這些方面都獲得滿足。家庭給予她們所需的額外支柱，協助她們捱過喪慟的痛苦。

馬克斯紛亂的成長背景，使得他不明白如何擁有一段「正常」的感情關係，而一旦出了諮商室，他的內心也沒有一個可以讓他安全隱遁的所在。他的工作、習慣、人際……一切都缺乏協調，所造成的混亂使他更難忍受痛苦。他試圖在心中尋找母親，這聽起來或許像是心理治療專屬的作法，但以創意手法來運用夢境和神奇思維，這其實一直普遍存在於英國及世間所有的文化裡。歌手保羅．麥卡尼（Paul McCartney）的母親在他十四歲時死去，他在夢裡看見她，於是寫了〈讓它去〉這首歌──歌詞中提到的母親瑪利亞，其實真的是在指他的母親，而不是聖經中的聖母瑪利亞。

碧姬為母親穿上襪子，擔心她會冷，展現了大多數人在所愛之人死去後的感覺，亦即認為逝者在某種意義上仍然活著。雖然喪親者知道事實並非如此，他們仍會做出一些相應的行為：例如碧姬在守夜時選了母親最愛的蛋糕，即便她很清楚母親不會現身、把蛋糕吃掉。病理學家、驗屍官和醫生都必須更顧慮到喪親者的感受，在這個層面調整相關措辭和行為。

成年子女的喪慟

當代的研究顯示，成年子女常見的喪慟表現，包括：疏離朋友、對先前喜愛的活動失去興趣、表達憤怒或愧疚感，以及失眠或睡眠品質下降。哭泣、懷念父母、亡者佔據心思等反應極其正常，而且可能會持續很長一段時間。

預期之中的死亡

研究顯示，成年子女出現的喪慟反應會受到死亡的「類型」影響。對某些人而言，預期父母將逝卻歷經長時間的等待，而且沒有機會在這段期間向父母抒發自身感受或其他問題，可能會提高他們的焦慮。

對其他人而言，意料之中的死亡是一種較為自然、無愧於心的死亡方式，有可能讓喪慟過程稍微容易一些。此外，等待父母死亡讓成年子女孩子有時間做好準備，順應自己的心理機制。擁有關鍵的道別機會，處理喪慟時就不會那麼痛苦。

突如其來的死亡

突如其來的死亡，可能會讓成年子女覺得逝者如此過世不公平，並且放大許多人面臨喪慟時會產生的無力感。研究顯示，受這種感覺折磨的人，可能會認為自己無法妥善調適悲傷，但這種過程其實完全正常。

喪母和喪父的差異

一些很有意思的研究顯示，成年子女跟母親的關係可能比父親好，因為彼此觀點相仿、情感較親密，且母親提供較大的安穩感。因此有人認為，失去母親對成年女兒所造成的影響，可能比父親過世更深遠。

然而研究發現，喪父對兒子可能有較大的影響；比起女兒，兒子的憂鬱症狀較大、心理健康較差。不過研究也顯示，兒子和女兒的心理健康都會滑落，女兒還會出現飲酒過度的行為，自尊心也較低。

我對這項研究的理解是，我們比較親近父母哪一方，便會對失去的感受造成較大的影響。我對女兒飲酒過度的行為格外感到好奇，這是不是代表她們開始出現一些比較典型的男性行為？

父母在五年內相繼死亡

於父母在五年內相繼死亡的情況下，研究顯示這對兒子和女兒造成的影響差不多，子女都說自己的自尊降低、心理健康變差。女兒表現出較嚴重的憂鬱症狀，兒子則說自己的整體健康狀況下降。用常識便可得知，短時間內哀悼雙親的死亡，會增強失去的感受：無論第一次失去是否好好地喪慟，新的死亡總會喚起前一個死亡。

父母的死亡如何影響尚存的關係

我們在受苦時，最親近我們的人也會被迫一起受苦。研究證實了這點：父母死亡之後，配偶的暴力行為、酒醉、婚外情、手足衝突等事件的數量會增加。

好好道別

碧姬與馬克斯沒有機會和死去的父母道別，雪莉兒則是無法充分利用與母親相處的時光。我不相信「終結」（closure）概念，也就是喪慟能有完滿、確切的結束，因為它暗示著人類情感可以如此機械化，我不這麼認為。

然而，把握機會將要說的一切傳達給父母，會是我們在他們死前和死後的關鍵慰藉。合照、錄下他們的聲音、創造正面的回憶……在父母過世之後，這些全都會變得極為珍貴。就我的經驗，父母死後恢復得太快、有時甚至因此內疚的個案，通常是在父母臨死之前就完成了大部份的喪慟。

憤怒

憤怒是面對死亡常見的反應之一。碧姬明顯感受到憤怒，馬克斯和雪莉兒的憤怒則是藏在表面下沸騰。對於這種憤怒，我將它理解為傳達傷痛的原始表現，這就好比：「哎呦！你弄痛我了，別再弄痛我了！」關鍵在於如何妥當地表達憤怒，而不會傷害到自己或身邊的人。

研究顯示，壓抑憤怒可能導致憂鬱；發洩怒氣雖然可以讓人覺得滿足、很有力量，卻只會導致更大的憤怒，無法真正釋放憤怒。相較於「卡在車陣中」的憤怒或是「你不准這樣對我說話」的憤怒，喪慟的憤怒不一樣。它可能無孔不入，妨礙每一件事的進展，並折損正面的情緒。根據研究，男性傾向發洩憤怒，可能導致暴力行為；女性傾向壓抑憤怒，可能導致憂鬱症狀。

和心懷憤怒的個案諮商時，我會幫助他們管理怒氣，建議他們只要時間得宜且行有餘力，就要對引起憤怒的原因採取建設性舉動，也就是堅定地辨識出你在氣什麼，而不光是發怒。或者，如果你沒辦法說出口，就將感覺寫進日記，藉此中止彷彿被怒氣左右生活的無力感，不再被憤怒控制。

如果做不到建設性舉動，還有三個方法可以健康地將怒氣排出體外：

- **運動：**如果選擇這個方法，我通常會推薦競賽型的運動，這比其他運動更讓人有滿足感，可以釋放積累已久的怒氣。有些人則選擇跑步或騎單車，並發現這些活動也很有幫助。
- **大笑：**喪慟時很難做到這一點，但這有療癒效果。笑聲和怒氣不相容，大笑能阻止你深陷愁思，不再餵養怒氣。
- **平心靜氣的技巧：**例如冥想和呼吸練習。

若勤加練習，組合多種方法會更有效果。底下是一套約一小時的組合：

- 花十分鐘寫下在內心盤旋不去的一切。
- 花二十分鐘跑步。
- 花十分鐘冥想。

●花二十分鐘看好笑的節目，或是讀有趣的文章。

家庭系統

我常看見整個家庭系統因為成員過世而深受打擊。例如，碧姬的丈夫和女兒希望事後一切如常，但在重要親人往生的狀況下，這根本不可能。家庭中存在的迷思和各人扮演的角色，此時經常會受到質疑，既有的家庭糾紛也會加劇。

在「封閉」的家庭系統當中，沒有開放、誠實的溝通，成員之間欠缺信任。他們無法處理禁忌話題，害怕說出口會受到懲戒。馬克斯的家庭顯然是封閉系統，面對死亡時會比開放系統遭遇更多困難。

而在「開放」的家庭系統當中，成員彼此信任，溝通較為良好。家庭的每個成員都可以提問，不必擔心引發爭執或遭受批評——例如，用不著避諱財務問題，死亡的情況或大家的感受也能明講，不至於到處藏著秘密。即使面對喪親後必然會出現的轉折期，需要過渡到新現實，他們也可以安然度過，整個系統不至於解體或崩潰。

幫助喪親的孩童

這一節大致列出了失去父母的孩子會有的需求，但這些原則可適用於各種身分的死者，無論是祖父母、手足或朋友。

隨著對孩童心理健康的認識有所增長，我們也越來越關心如何有效回應喪親的孩童。常見的說法是「孩子的回復力強得驚人」，我們現在也確實知道孩子的韌性可以很強。然而他們跟成人一樣，缺乏支持就無法培養韌性。

孩子的年齡和發展階段，決定了他們對死亡的理解。對很年幼的孩子來說，死亡是個十分抽象的概念，他們無法理解那是永恆的現象。剛上小學的孩童能理解死亡的不可逆性，十幾歲的青少年則常會覺得青春期已經夠難搞了，喪親讓事態更是雪上加霜。

告知真相

不難理解，所有與我諮商過的父母，都想保護孩子不受苦。直覺上，告訴孩子真相是錯誤的做法，無論是父母將死或葬禮相關細節等等，這些感受太悲傷、太可怕了。但研究顯示，孩子會將這種保護視為排擠，長大後可能會對活著的父母始終存有怨懟，影響生活的各個層面。

我在本書想傳達的訊息很一致：**孩童必須獲得和成人一樣多的資訊**，這些資訊應該以適齡、具體的語言傳達。孩童傾向捏造自己不知道的事情，虛構出來的認知可能會比事實更可怕，因為他們的想像力無邊無際，對這些事又難以忘懷。無論真相有多駭人，總是比謊言來得好，這也表示孩子可以信賴父母。請務必記得孩子會從周遭環境吸收資訊，他們可能是不小心聽到對話內容，或更糟糕的狀況——只聽到一半的內容，一知半解；他們也會對周遭大人內心的憂傷很敏感。讓孩子獲得具體知識來解釋他們所觀察到的事情，藉此瞭解有關死亡的種種，對他們的心理健康很重要。

研究顯示，在伴侶死後，母親通常還有餘裕給予孩子關愛。在此我們也應該注意到，活著的父親可能需要額外的幫助。

年幼的孩子

我發現年紀非常小的孩子，特別容易被排除在與死亡有關的事件之外。人們常告訴我：「他們不知道，就不會想念。」但我的經驗和發表過的研究，都駁斥了這一點。小小孩很有可能感受到活著的父母體內的憂傷，因此覺得不安。此外，死亡發生後，十分年幼的孩子可能會被大家推來推去照顧，缺乏單一或長期的照護者，這同樣會讓他們感到不安。

被剝奪掉這些回憶的孩子，成年後可能會將自己對此毫無印象視作一種傷害。除非死去的父母被創造出完整、豐富的意象，否則孩子將因這塊空洞受苦。活著的父母必須藉由故事和遺物建立亡者形象，讓孩子在餘生可以反覆運用這些寶貴的資源。

如何解釋一個人死了

告訴孩子壞消息極為困難，父母也可能覺得這麼做很難受，但務必要避免混淆感受和事實。可以請另一位家庭成員或親近好友在場支持你，以免你有時想不到適當詞彙。找一個安靜的房間，肢體靠近孩子。你可以這樣開頭，提示他們你要講一個壞消息：「我有悲傷的消息要告訴你……」接著盡量簡單直接地說出消息：「爸比今天早上死了……」若是很小的孩子，解釋「死了」是什麼意思：「當一個人死了，他的身體會停止運作。他的心臟不再運作，他不能動，身體會很安靜，一動也不動。死掉的身體不會感覺任何痛苦。」

你可能會需要隨著時間慢慢講述整個故事，例如告訴孩子父親死了，但詳細情形可以之後再講。讓孩子帶領你，如果他們真想知道更多，就明白說出事實，但要注意小心別一次塞給他們太多資訊。確認孩子明白你說的話，給他們時間吸收；讓他們提問題，如果他們重複問同樣的問題，最好重複同樣的答案。孩子其實跟成人一樣，他們不見得是不懂（雖然也可能是這樣），只是需要時間消化死亡的概念，因此有時候重複是必要的。

見遺體

許多人害怕看見所愛之人的遺體，這可以理解，我們可能因此強烈認為孩子也會有同感。但我們需要一個可以聚焦的記憶，讓我們知道那個人已經死了，不再歸返、無力回天。

見遺體是幫助孩子面對這個事實的一種方式，也能讓他們明白發生了什麼事。

這件事沒有規則可言，但孩子不應被強迫去做。坦然提起這個話題，誠實回答孩子的問題，並強調他們可以隨時改變心意。父母應該先見過遺體，才能評估是否適合孩子看；接下來，父母可以先為孩子做好心理建設，例如描述逝世的爸爸或媽媽現在的外觀、擺放遺體的房間佈置、哪些人在場，以及可能會發生什麼事。

帶著鮮花、卡片獻給死去的父母，能給予孩子寬慰，覺得自己也貢獻了特別的禮物。在當下和事後溫柔地支持、安撫孩子，這很可能有助於他們深入理解死亡的意義。請格外注意，不要只用口頭告知孩子哪些舉措得宜，而要實際以動作呈現。例如，你先觸碰、親吻遺體，孩子就知道這件事他們也能做。

參加葬禮

我們可能以為孩子知道葬禮是什麼、為何要舉行葬禮，但除非孩子曾經參加過葬禮，否則他們不太可能真正明白葬禮上會發生什麼事。不過，即使孩子是在很年幼時參加葬禮，長大後對此毫無印象，他們仍然可能會很高興知道自己有參與；我從未聽說哪個孩子後悔參加葬禮。

跟孩子說起葬禮時，首先要解釋葬禮的目的，以及過程中可能發生的事。細節要視文化和宗教而定，但有一個普世適用的簡單敍述方式：「當有人死了，我們會舉辦一個叫做『葬禮』的特殊儀式。爸比死了，所以我們要為他辦葬禮。親朋好友會和我們在一塊，大家一起懷念爸比的一生。他的身體會放在一個特殊的箱子裡，那叫做棺材。別忘記，他死了，再也不會感覺到任何事。在葬禮上，我們會……（描述會發生的事）。最後，我們會帶著他的身體到墓園，挖一個很深很深的洞，將爸比的棺材放進去，這就是墳墓。爸比的名字會寫在墓碑上面，這樣大家就會知道他葬在哪裡。」

講到火化的時候必須很小心，依孩子的年齡選擇措辭，因為他們可能對焚燒父母的身體感到難過。關鍵在於強調亡者不會有任何感覺，你可以這麼說：「爸比的身體在火葬場時，會變成柔軟、粉狀的骨灰。骨灰接著會放進一個稱作骨灰罈的罐子，我們把骨灰罈放在……」

許多家庭發現，葬禮前一天到教堂或墓地十分有幫助，可以讓孩子知道葬禮會是什麼樣子、幫助他們想像，當天才不至於無法承受。另外，以錄音或錄影的方式記錄葬禮，可能會成為孩子長大後珍貴的資源。

孩子保護大人

如同我們想保護孩子，孩子也會想保護我們，因此不表現出自己在傷心。如果他們從悲傷很快轉換到開心嬉戲，很可能是在隱藏自己的不快樂。父母可以挪出一個特別的時間，確認孩子內心真正發生的事，例如在吃完午茶之後。

規律的例行事項

父母死後隨之而來的不確定感，可能讓孩子非常沮喪。我們希望安撫孩子，於是允許他們做一些平常被限制的行為，這完全可以理解。慰藉和紀律之間的界線很難劃清，大原則是最好盡可能謹守例行事項和日常紀律。有了熟悉的界線和架構，孩子更容易感到安全與穩定。

生存本能

研究顯示，面對父母將死的情境，孩子因生存本能驅使，會親近活著的一方、遠離垂死的一方。他們最首要的問題是「誰會照顧我」，可能會脫口而出一些看似冷漠無情的問題，彷彿只在乎自己、不在乎垂死的父母。例如：「如果媽咪不能送我上學，誰要送我？」

這是生存機制在發揮功效，也是面對這種情況的自然反射反應。鼓勵孩子主動親近生病的父母會很有幫助。做些體貼的小事，像是在父母手上抹乳液、一起讀故事書，或條列一張兩人最喜歡的歌曲播放清單。這不僅能提升孩子的自尊，他們也會記得親近垂死的父母，不會因太早退縮而心生愧疚。

孩子和青少年的喪慟

當父母自己在受苦時，很難兼顧好好照護孩子。然而，要讓孩子健康地適應父母的死亡，養育的品質是關鍵所在。根據研究，孩子身處的環境如果允許他們向照護者坦白對死亡的情緒，他們比較不會出現憂鬱或適應不良的喪慟症狀。孩子越早獲得適當支持，適應得越良好；反之，越晚獲得支持，越可能造成不良影響。

觀察周遭的成人來學習喪慟

孩子藉由觀察周遭的成人來學習喪慟。看見父母表達自己的悲傷，接著繼續做好自己的工作，他們會認為自己也做得到；同樣地，如果他們不曾目睹父母難過，便可能模仿這種行為，然後對自己悲傷的情緒感到困惑，也不知道是否可以公開表露感受。成人在喪慟時，常會在感情上自覺像個孩子，想要被人照顧。在這種情況下，尋找到適合自己的支持資源，是父母成功養育孩子的關鍵。

有個形象常被用來形容成年的喪親者，他們的喪慟就像在河中涉水，每一步都很艱難，無法鬆懈。至於常被用來形容孩童喪慟的隱喻，則是在水窪中跳進跳出——傷心的時候，他們跳進水窪，大哭、疏離、生氣；獲得安撫後，他們便跳出水窪，快快樂樂繼續玩耍。

我們必須觀察孩子的行為，留意他們何時需要幫助，因為他們用言語表達感受的能力或許很有限（雖然有時也清楚得驚人）。他們可能不只淚眼汪汪或生氣，還會行為幼稚、睡不好或沒食慾。他們需要獲得保證他們有人愛、有人照顧，而無論他們的反應是難過沮喪或開心玩耍，任何反應都沒有錯。

年輕的成人

第一篇的史帝芬，他的孩子在母親死時是年輕成人。必須注意的是，不管我們年紀多大，父母死時我們都可能覺得自己還像個小孩。給予年輕的成人支持，就和給予孩童支持一樣重要；遺憾的是，年輕成人的需求時常不被承認。

隨著時間變化的喪慟

孩子可能會在人生不同的階段為父母感到喪慟，他們對死亡的理解會隨認知的發展而轉變。重要的生日或人生大事，會使他們與死去的父母再次產生連結，每一次都需要重新面對失去。有些人可能認為這代表喪慟尚未了結，其實並非如此；喪慟是一個伴隨終生的過程，在我們人生中的不同時期，會產生不同的意義。

年幼孩童難以理解的死亡概念

孩童大約到八歲左右，才能充分理解死亡的概念，亦即死亡是永久、不可逆、普遍的現象。雖然對孩子解釋死亡時，一律要使用準確、適齡的語言和清楚明瞭的措辭，但當對象是年紀更小的孩子，這麼做或許仍無法讓他們理解死者永不復返。隨著他們慢慢長大，會開始以不同的方式理解死亡，你也必須跟著修改解釋的方式。

一般認為，孩子到小學高年級或接近十來歲時，已具備足夠的認知能力，可充分瞭解死亡是不容爭辯的句點。這同時也表示他們已充分理解這種失去有多巨大，因此需要良好的支持，幫助他們處理喪慟。

對父母死亡反應遲鈍或毫無反應

有些歷經父母死亡的孩子，幾乎沒有表現出沮喪的情緒。研究指出，他們的其實只是延遲表現喪慟，日後便會出現喪慟的反應，這可能遲至喪親兩年之後。為了保護孩子不像馬克斯那樣受苦，父母如果沒有因為自己的失去而太過衰弱，可以使用各種方式來幫助孩子，引出他們的喪慟表現，包括一起讀適合的故事書、創造回憶的小書或相本；在英國的喪親兒童慈善基金會等機構，也可以買到活動組合包和故事書。

如果上述作法難以執行或沒有成效，建議轉由學校的諮商員輔導孩子，或尋求喪親支持機構的幫忙。研究發現，孩子如果刻意壓抑與死亡有關的思想和感受，發展出精神症狀的風險會提高，因此有必要為了孩子的福祉而介入。

第 3 篇

無法一起長大的手足

被愛之人無法逝去
因為愛是永垂不朽

——艾蜜莉·狄更生（Emila Dickinson），美國詩人

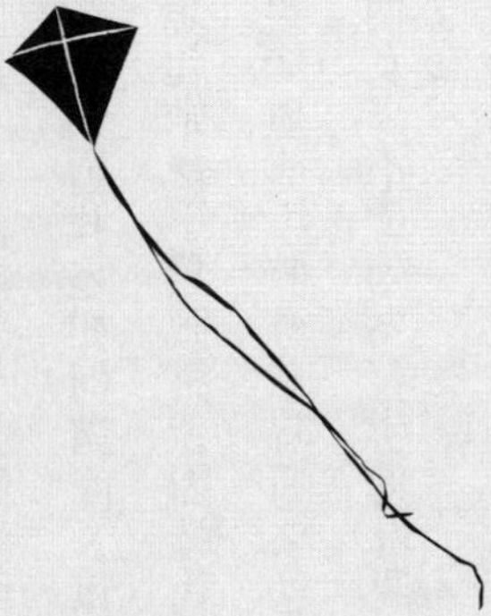

01

露絲

四十六歲時，同父異母的弟弟死於一場車禍

露絲初次走進諮商室的那一天，我仍記憶猶新。她穿著隨興，身高中等、苗條纖細，一頭褐色的波浪鬈髮。她自信滿滿地坐下，褐色眼睛直視著我，想知道我是如何諮商、每次對談的時間長短，以及最重要的問題——我能不能幫助她。我想起她便不禁微笑，因為我發現她這種態度其實不會嚇倒人，反而激起了我的興致。露絲想要知道值不值得花時間來見我，她的真誠帶有一種清爽感。權力的動態當下就設定好了：這個女人不會因為有所獲得便心存感激，她會自行確保能夠得到所求之物。

她迅速提供給我一大堆資訊。露絲四十六歲，猶太裔，來見我是因為同父異母的弟弟丹尼爾三個月前死於車禍；她經歷過多次流產，每次都在她的心裡留下疤痕。雖然是弟弟的死讓她來找我，但這不是她主要的痛。她和弟弟的關係一直都很矛盾：他是父親的私生子，在

父親死前一年，家人才知道弟弟的存在。

我們首先得處理露絲和父親的關係。他雖然已經過世逾十年，她仍未啟動對父親的喪慟，因此傷痛猶新。他留給她許多好壞參半、糾纏難解的心結，亟待她動手解開。

在頭幾回的某次諮商尾聲，我注意到她的心情有了轉折。那時我們正在討論還有多少次諮商，她突然看似害怕起來，聲音轉弱、說話速度也變慢。我看見她先前沒出現過的脆弱，於是輕柔地問她，是不是什麼事令她不安？她也坦白地告訴我，她很擔心在假裝一切都沒事的同時，「我會不小心掉進洞裡」。我很熟悉「洞」這個概念，以及那種裝沒事的感覺。我看得出來她嚇壞了。我想傳達出充滿同情的好奇心，同時不要逼她太緊。

她聯想的那個洞，有一副明確的畫面：她是個小孩，蜷縮身子坐在石頭上發著抖，感覺就像身處很深的井底。她等著誰來找到她，卻始終沒有人來。我知道，我必須跟她一起坐在那個又冰、又寂寞的井底。我告訴露絲，我能看見她在那裡，並問她需要從我這裡得到什麼：想要我和她一起待著，還是領她出來？

她渾身打顫，頭垂到胸前，好一陣子無法說話。我明白這種僵硬的姿勢與沈默是什麼意思：想要找到文字，卻又不知怎地無法說出口。我向她保證，她不需要著急，在這次或之後的諮商做回應都沒關係。她的人生一直受到必須回應的壓力，總是被迫採取行動。就在諮商快要結束時，她輕聲地說：「和我一起待著吧。」我同意她的要求。

有趣的是，後來幾週她沒辦法再次造訪那個說不出話的洞了；她比較想維持伶牙俐嘴的自己。我漸漸得知更多她的故事。她的父親是一位房地產開發商，二次世界大戰期間他還年幼，曾被關在集中營兩年。他是家族裡唯一的倖存者，於戰爭末期來到英國。聽露絲的講述，顯然她也留住了一些父親的創傷經歷。這種跨代創傷意味著她沒有能力控制自己的焦慮和攻擊性，非常容易受驚嚇，總覺得災難隨時降臨。這種創傷在她人生中以多種樣貌出現且遺害深遠，使得她會不顧後果地招徠危險；她需要感受強烈的危險，以證實她值得活下去。她無法信任人生。

露絲告訴我，她的人生是由四大支柱撐起：猶太復國主義、女性主義、社會主義和猶太教，但這四個支柱現在都粉粹了。我能感覺到她對這些信念的熱情與投入，還有她如何發展這些信念以保持完好的自我。她能強烈地察覺到，隨著這些信念粉粹後出現的淒涼。我原本就很熟悉這四個支柱，知道它們提供強大的智識結構和身分認同，但我也從經驗得知，抽象的概念不見得能幫助所有人處理自身感受。這就是為什麼露絲常常覺得寂寞、困在一個冰冷的井底。

接下來幾星期，我聽露絲滔滔不絕地講述一連串複雜經歷，當中有些甚至駭人聽聞。她在十五歲失去童貞，十七歲時兩度被強暴。「我渾渾噩噩度過三十年華，跟不會有結果的男人交往，然後爸爸過世。當我環顧四周，發現身邊的朋友都有小孩了。」然後她同父異母的弟弟意外死亡。她怎麼會落到這個地步？她又要怎麼改變現狀？露絲每次下決定都充滿折磨，不斷自問「這樣做對嗎」，但她始終沒有答案。

她每次來諮商，都會為當次對談下一個標題。有天早上，她走進來說：「一切都和掌控有關。」露絲極為渴望掌控，但對她來說，這就像是難以根治的溼疹那般無法如願。猶太神話的人物「夜魔女」莉莉絲在她體內非常強大，每當她覺得被人控制，這種性格就會抬頭。莉莉絲這個原型在露絲生活的每一個層面出現，她現在才看見這對她的影響：她很容易找到工作、朋友或男友，接著又覺得被他們控制，於是極盡所能和他們反目。失去這些關係，在她心中留下「燃燒殆盡的坑洞」。

我沒看過露絲這樣表露悲傷，先前比較常看到帶著怒氣表述的她；她柔軟、猶疑不決的這一面，喚起我的溫柔。她探索這些毀滅性的模式，開始理解自己「過度依附」父親。持續當個聽話好女兒所產生的壓力，帶出她叛逆的一面。

我們開始漸漸看出，露絲一直用盡全力攻擊自己。她剝奪自己真正想要的一切，例如家庭、丈夫和孩子；她好像是刻意把那四大支柱拉到身邊。她會說到「攻擊者」和「我腦袋裡的神經病」，然後大笑。她認出自我的極端，「我要不完全成功，要不就徹底失敗，然後跌入黑暗」；她也發現自己對心理自殘上了癮。

為了找出可能連她自己也沒意識到的潛在動機，我問她：「妳得到什麼回報？」不像她一貫即問即答的作風，這次露絲花了一點時間思索，發現這是從她很小的時候便建立起來但有所偏差的保護機制，「我得讓他們好下去，所以我必須變壞。」她將她認為父母如何看待她的方式，吸納為她看待自己的方式。比方說，父母因為打破玻璃杯這樣孩子常犯的小錯而罵她時，她不會覺得問題在於打破玻璃杯，只會覺得她是壞孩子。

接下來的幾星期、幾個月，露絲允許自己當一個平凡人類；既不是邪魔歪道、也不是再世英雌。她很脆弱、有缺陷，但她同時也是一個強大的女子，有能力把自己從黑暗深井之中拉出來。

心理治療似乎對露絲很有效。我一直積極地建立信任，有意識地接受、珍視露絲帶進諮商室的一切。當我溫柔以對，她會打開心房、釋放失去的痛苦，有時是吵雜的情感迸發，有時是吞忍的啜泣。她告訴我，體驗痛苦有「一種豐足感，比麻木來得好」，並說：「我總算活過來了。」

這一切都需要時間。有些時期充滿灰暗，她說起猶太人大屠殺，令人難以承受的的可怕故事在各段諮商之間縈繞我心頭。我靠跑步或拳擊，把這些東西逐出體外。我也會寫日記，如果還是無法停止思考她的故事，便運用正念的技巧。其中一次諮商，露絲下的標題是：「妳的肩膀是否夠寬闊，足以同時擔負墮胎、流產和大屠殺嗎？」我感覺下顎緊繃起來，必須刻意阻止自己咬緊牙關。但我也發現，聽她述說父親在集中營目睹的死亡經歷，是如何像毒藥一般滲入她的心中，「抹殺新生命……抹殺我的寶寶。」

我們漸漸瞭解，露絲小時候曾試著麻木情感，藉此阻擋父親轉移給她的恐懼與害怕，卻也因此切離了一部分的她，使得她無法自我認知有哪些情感需求，妨害她擁有親密關係的能力，讓她覺得內心枯槁。到了青少年時期，她飢渴地想去感受一切，不願再空蕩虛無，但她魯莽涉險導致了可怕的後果。

以色列研究提供了大量的資訊，使我更加瞭解倖存者的子女所經歷的創傷二次轉移，常見的有心理健康問題、患病機率增加和消化系統問題。露絲承接了父親的倖存者愧疚：數百萬人喪生，自己卻僥倖存活，那種羞恥感恆久不褪。儘管過了數十年，他心中的創傷仍非常鮮明，使他無法調節焦慮和憤怒，例如只要門被甩上，他就會嚇得跳起來，好像被槍射中；他不斷警戒預期會出現的威脅。

露絲覺得父親讓她置身一個進退維谷的困境：一方面，他會堅持要她跨出世界、有所成就，榮耀他所深愛但已逝去的那些人；另一方面，他又希望想要她待在家，留在他身邊、不要離開。

在一次重要的對談中，她終於開始接受她的行為不完全是自己的錯，這或許也是她第一次她能夠同情自己和父親。她驚訝地發現，她不需要持續懲罰自己，或是四處招徠危險。

下一次諮商，露絲無法置信自己的感受大為不同：她覺得更輕盈，彷彿胸口的重物被取走了。她不知道是否應該相信這種感覺，最後決定她可以；她真的覺得好多了。「我腦袋裡的各種聲音安靜了下來，偶爾還是會私語，但不至於太吵。」我問她有關腦袋裡的那些聲音，她說她現在已經能把這些聲音拋到腦後，不再干擾她度日。

隨著時間過去，露絲的感覺變得比較沒那麼強烈。她仍在處理核心問題：弟弟的死、流產的寶寶、與父親的關係。但現在這些議題不再停滯，開始動起來。她比較能對父親表達怒氣了，也更清楚自己的需求。父親死後，她答應接管他的租屋事業，但這不是她有興趣的職志。她和母親多次長時間討論，其中有幾次以露絲鬧脾氣收場，最後她們取得共識，決定賣掉那些房子。

對露絲而言，這象徵一個巨大的轉變：於外，這在她和父親之間創造了空間與距離；於內，這讓她信任自己的判斷，並確實做出行動。這個巨大的問題不再懸於心上之後，她便能更深入、更自在地談論弟弟的死——談論那種痛苦、那麼多可能性都浪費了，以及有些事她永遠不可能知道的這個事實。

想起丹尼爾，露絲主要是感覺深切的悲傷。她為他無法擁有的未來，以及她無法與他共有的關係而哭。她只見過他幾次，沒機會好好認識他，不清楚他是什麼樣的人、過著哪種生活。她考慮著是否要與他的母親聯繫，但一如往常，她向來無法迅速下決定。她舉棋不定——和父親的情人見面，算不算是背叛母親？最後她說：「丹尼爾沒有做錯任何事，他一生下來就是受害者。我是為了丹尼爾而見他的母親，他是我弟弟。」

和丹尼爾的母親碰面後，露絲握有更多事實，但她的感覺更糟了。丹尼爾一生都希望父親可以認他，遺憾的是從未如願。他是個聰明、敏感的年輕男孩，自尊卻因「不見人影的父親」而嚴重受損，使他在學校或大多數社交場合都是局外人，漸漸變得獨來獨往。丹尼爾和母親出席了露絲父親的葬禮，但他們坐在後面，身分完全不被認可。丹尼爾死於車禍，反映了他的出生：突如其來、沒人想要的一場意外。

最後我和露絲同意，她父親的故事太複雜了，無法歸咎是誰的錯；有這麼多可以為他緩頰的情況，她無法單純生他的氣，畢竟他也是受害者。想想他遭遇過的事，他已經盡力過好人生了。但他把一些傷害傳給了孩子，婚生和私生子女都因此受苦。

和我最後一次諮商時，露絲說：「心理治療就像使用放大鏡，有時候很累人，但我也因此看到許多原本無法窺見的東西。我可以永遠做心理治療，因為它真的能帶來很大的幫助，但我或許應該到此結束，讓自己好好活在這個世界。」

02 穆西

二十出頭的年紀，他的弟弟於四個月前自殺身亡

穆西走進我的諮商室時，我有些卻步；不是怕他會傷我，而是怕我會傷到他，因為他屬於那種若我有機會選擇便會直覺遠離的男人。他穿著設計師品牌服飾、戴著昂貴的大錶，習慣大聲說話，並帶著非常陽剛、神氣活現的語調。金錢是他價值的核心：他荷包滿滿、房子很大、車子超炫。付我費用時，他會一張一張數鈔票，感覺像在付錢給妓女。

穆西體格壯碩、身高中等，二十來歲，伊朗籍父親和英國籍母親已經離婚。他常常笑，與他眼裡的悲傷相衝突。他來見我，是因為弟弟哈希姆四個月前自殺身亡，在母親生日的那個週末拜訪她時舉槍自盡，先前毫無徵兆。哈希姆比穆西小三歲，正在念大學最後一年。穆西認為，哈希姆因為中學和大學時抽大麻（可能是臭鼬大麻）*的緣故，變得妄想多疑。穆

* 譯注：臭鼬大麻（skunk weed）為某品種類型的大麻通稱，一般具有更強烈的效果，有時也被轉借為形容高品質的大麻。

西說，他弟弟不是因為不順遂才自取性命，是毒品成癮，「讓他心裡生病」。

哈希姆到母親家時狀況非常糟糕，他會看見幻影，深信有人在追捕他。母親極為擔憂，隔天即有先見之明，帶他到急診做精神評估。精神科醫師診斷後開了藥，預備隔週為他轉診。當天晚上，趁母親在煮晚餐，哈希姆找到獵槍收藏櫃的鑰匙（她的父親喜愛打獵，將獵槍留給外孫使用），他拿出獵槍並在車庫舉槍自盡。

在神氣活現的外表下，穆西其實震驚到失去感覺。雖然沒有親眼目睹，他在腦海裡一直看見弟弟舉槍自盡的可怕畫面。他無法理解弟弟怎麼會做這種事，這完全是晴天霹靂。穆西在腦海中反覆重播他與弟弟最後一次的通話：他當時在開車，有一點分神，說之後再回電給哈希姆；四小時後，哈希姆就死了。

每次想到那通最後的電話，穆西都希望結局可以不同，希望他能勸弟弟冷靜下來，打消弟弟自殺的念頭。穆西被困在過去，沒辦法向前看；他覺得那一槍粉碎了他的人生，就像它粉碎了弟弟的人生。原本就高度焦慮的母親，幾乎無法正常度日；聽見槍響、發現兒子死了之後，她便罹患創傷後壓力症候群。穆西告訴我，他父親近年篤信伊斯蘭教，對此事深感羞恥，一提到便掀起雷霆怒火。

我察覺到在哈希姆自殺後，穆西覺得自己不僅失去了弟弟，某方面也失去了雙親。母親告訴他：「他曾經在我的肚子裡，你不能把我的失去比作你的失去。」父母的喪慟在他們眼中，比穆西的悲傷更深、更濃，讓他覺得無權擁有自己的感受。他現在擔起照顧母親的責任，因為母親鎮日躺在黑暗的房間裡。他對她的疏離有許多矛盾的反應：埋怨、保護、深情與憤怒。朋友會問母親好不好，卻沒人問穆西「他」好不好，使他更加疏遠他人。

我們之間的連結有道裂口，我必須想辦法搭起橋樑。自殺是很令人不安的案子，全世界有組織的宗教之前都將自殺視為罪愆，基督教和猶太教近期才改變看法，但伊斯蘭教依舊禁止自殺。自殺者不能葬在被聖化的土地，活著的親屬成為社會邊緣人，人們與之斷絕往來、覺得他們很羞恥。我很清楚自己並沒有這麼想，而是強烈地悲傷和同情，非常遺憾發生了這麼哀戚的事。我從經驗知道，這將是一場持久而艱辛的工作。自殺的倖存者可能充斥著許多有害的感受：難以承受的內疚、致命的怒火、絕望、無助、無望、氣憤、羞恥、悔恨，以及那些層出不窮的「假如……」設想情境。

奇怪的是，竟然是穆西首先主動建起我們之間橋樑。他第四次面談時叫我「茱兒」，除了我最要好的朋友們，很少人這樣叫我，他這麼做應該會讓我不悅。但他主動改了我的稱呼，就好像他要獨佔這個名字，此舉的真誠讓我沒有妄下論斷，漸漸對他產生溫暖。從這時起，我開始看見穆西的內在。

一旦我明白了驅使他、傷害他、佔據他心思的是什麼，就很難對穆西或是有相同處境的人們嚴苛批判。同樣地，一旦他知道能信任我，他不用在我面前表演，原先阻礙我諮商的那副盔甲也消失了。我看見他是個聰穎、敏感、受傷的年輕人，很快便發現他擁有很多具創造性和成長性的資源，能讓他再度投入生命。

傷痛就像一顆巨大的石頭壓在穆西的胸膛，切斷所有的感覺和連結。我看得見他咬緊牙關，下意識地忍受痛苦。我請他多講一些那個傷痛的事，閉上眼、把它吸進去。他說，他感受到胸口那股強烈疼痛；他只看見一片黑，別無長物只有黑暗空間。接著出現了變化，紅色的尖刺轉變成熔岩，流過他全身。我輕柔地問他，如果熔岩會說話，它會說什麼？穆西說：「它吐出毒液和憤恨。」他稍微深呼吸，淚水流下臉龐。他看見的熔岩變成一鍋滾燙的憤恨。穆西接著轉到另一個畫面，他站在山頂上大喊：「我有滿腔憤恨！我是超新星！」

物理學不是我的強項，之後我查了超新星的定義，發現超新星是「巨大的恆星爆炸，引起的原因可能是重力造成的塌陷，期間恆星的光度會增強二十倍，且該恆星大部分的質量會以相當高的速率被炸吹出去，有時留下密度極高的核心。」這確實給了我清楚的畫面，看見穆西擺脫不了的內在毀滅：就跟黑洞一樣巨大、無法逃離。我心想，他的朋友和家人不知道是怎麼看他的——他們覺得穆西很麻木，還是即將爆炸？他們會不會更疏離他？

我發現自己不清楚哈希姆是什麼樣的一個人，兄弟之間的關係又是如何；我倒是知道「哈希姆很害羞、想法很多，喜歡深入思考。」穆西給我看一張照片，他們倆站在一起，手繞在彼此肩上；我看得出他們是兄弟，但哈希姆比較矮、身材比較圓，視線盯著地板。穆西是典型的哥哥，主導局勢、愛頤指氣使。哈希姆是父親最喜歡的小孩，比較聽話、是「聰明的那一個」；穆西則愛社交又外向。現在，愧疚和不配的可怕感覺停駐在他心裡，因為他是活下來的那個。在他父親面前更是如此，穆西覺得對父親來說，他永遠不夠好：「我不是哈希姆，永遠不會是。」我察覺到，「失去」為所有現存的關係打上光線，而且常常照出關係中的裂痕。

哈希姆短短的一生中結交了許多朋友。穆西告訴我：「弟弟死後，邀請他的朋友來家裡是一件很美好的事。他們過來喝茶、幫忙打理家務，就好像也把一部分的他帶來了。我媽只在這種時候才出來。」有時他們會進哈希姆的房間，放弟弟收藏的音樂消磨時間。穆西很喜歡這樣，這是和弟弟親近、卻又不必把自己推過痛苦之牆的方式。他也發現有些事很討厭：「當人們在我身邊變得感性起來，最後卻是我反過來安慰他們，這讓我很不舒服。有時大家都在哭，我就會想：『我根本不認識這些人啊！』我沒有哭，我受到太大的震撼了，我覺得這整件事讓我失去平衡。」

我以前曾多次聽過類似的話：請朋友過來時，如果他們保持親暱，幫上忙但不要幫過頭，也沒有流淚哭泣，便能帶給喪親者莫大的安慰。常讓人們覺得難熬的，是請朋友過來但他們哭得太慘，最後反而得幫他們打氣。

經過幾星期，更清晰的圖像浮現了。經過多年的激烈爭執與混亂後，父親在穆西小時候離開了母親。在他十二歲時，「哈希姆染上了咳嗽，是清掃房間引起的。症狀嚴重到他沒辦法去上學，只能躺在沙發上，完全無法忍受光線和噪音，體重也減輕了。他的狀況影響了整個家。」穆西覺得非常生氣又沮喪。

母親心急地帶哈希姆遍尋名醫，但沒有人能幫上忙；六個月後，一位諮商師毫不留情地指出，哈希姆的身體根本沒問題，這是心理因素造成的症狀。父親將之駁斥為「心理學的胡言亂語」，覺得他們應該多多祈禱；母親則找到一位不錯的孩童心理治療師。接下來六個月，哈希姆的症狀逐漸緩和，也重回學校。穆西的理解是，哈希姆在父親離去後經歷分離焦慮；父親給哈希姆「特別的愛」，那一直是他內心世界的中心，當父親離開，他的內心便分崩離析。哈希姆從來沒跟任何人說過這件事，擔心如果告訴母親他有多麼思念父親，會因此失去母親。

穆西努力過好人生，下定決心不讓弟弟的死定義自己。他在城裡工作，是個見習商業助理。他不喜歡他的女老闆，覺得對方不尊重他，常常派他做一些惱人的私人差事。這是一份沒有意義的工作，但他必須承認在某些方面來說，這份工作不至於磨損他太多心力：「我還應付得來。」工作提供一個架構，讓他可以暫時脫離自我，即使一次只有一小時。他常常會在完全沒預料時，被一陣像是恐懼的感覺侵襲：「有時一天三次，有時好幾天都沒有。」他覺得自己好像瘋了。我向他保證，這在創傷的死亡經歷中很正常，雖然人們將之視為瘋狂。他學會透過深呼吸越過這陣情緒，但那讓他精疲力盡、持續焦慮。

我們的面談很棒，但也極耗心神。穆西會從說到他多想念弟弟、弟弟的人生就這樣糟蹋了、弟弟的死傷害到許多人來開始面談。看到弟弟的死對父母造成的傷害，是讓穆西最難過的部分。母親一心只想問一些永遠不會有明確答案的問題，她批判地檢視自己，向認識哈希姆的任何人盤問嗑藥的事，希望哈希姆至少能留下一張紙條對她交代這一切。穆西為過去的那個母親喪慟，雖然他不想責怪哈希姆傷害了她，仍無法避免地這麼做。

面談的激烈程度有時令我頭痛。有一次我說：「感覺像是鋼釘打進我的頭顱。我很好奇，你的頭腦是不是一直像這樣？劇烈、痛苦、血淋淋的痛楚，毫無緩解的時刻。」穆西牢牢盯著我——他感覺如釋重負，因為我的身體感受到他每一分鐘都在感受的那種痛苦；就算只有短短幾分鐘，對他而言也是意義重大。我能進入他的世界，到達出現生理反應的地步，這是支持他、建立信任的關鍵。

喝太多酒、但又奮力不讓自己喝，使穆西被困在一個自我指控和憎惡的循環中。為了不要分崩離析，他不能請求慰藉，那種依賴人的表現會令他自覺羞恥。男人視懦弱如一個粗鄙的字眼，特別難接受。這和穆西與父親充滿衝突的關係有關，他父親現在將所有期望都轉移到僅剩的兒子身上；沒有宣諸於口，但仍鮮明清楚。「他想要我實現他對哈希姆所有的希望。不管我做什麼，我都不可能成為哈希姆。」穆西每次見到父親都不好過，事後總覺得遭受殘酷對待。「他希望我虔誠一點。我作了個很糟糕的噩夢，夢中我殺了他，把他的屍體賣掉換錢。我不需要妳解讀這個夢，我想我知道那是什麼意思。」

我們夏天時暫停諮商，這個夏天對穆西來說很難受：他寂寞又生氣，異常地憤怒，和朋友、店員、所有人爭吵，並告訴自己人人都讓他失望。他知道這其實只是他在為哈希姆悲傷，卻因為太痛苦，無法讓自己明白這點。

我鼓勵穆西透過影像來表達憤怒，超新星已經成了我們公認的代號，象徵他內心熊熊燃燒的怒火。我請他描述各種版本的超新星，這似乎對他十分有用。我們看著他燃燒、著火、爆炸，看著他把以前的自己像垃圾一樣燒掉，並從灰燼中召喚全新的自我，如鳳凰一般重生。在最劇烈的一次面談中，他看見自己變成熊熊的烈火。我注意到我不知道大火之後發生什麼事，於是便問他。他顫抖著哭泣，描述一個淒涼的畫面：「到處都是灰色，除了灰燼，什麼也沒有。」我想給他一個擁抱，但我沒有，感覺這對他來說會太過侵略。但我告訴他，我覺得和他十分親近；我看得出他很幼小，非常需要有人擁抱、疼愛。用文字傳達感情似乎就夠了，他安靜下來、呼吸放慢。

當穆西較能在生活中正常度日時，人際關係變成我們諮商的核心。他很愛母親，卻又害怕見到她，因為她要的太多了；怒氣把他和父親連結在一起，他只想擺脫父親。有些日子他快樂許多，會蹦蹦跳跳地進諮商室，像個充滿活力的小男孩；但接著，他對父親的怨氣和憤怒瞬間變得強烈，滲進我的體內、混淆我的思緒。我這麼告訴他，而我與他一同身歷其境的這一點再度使他放鬆。最後他妥協了：他永遠都會對父母有這些強烈的矛盾感受，但這些感受不必支配他。

有一次諮商十分痛苦，他面對「羞恥的自我」哭了出來，接著又轉向那個愛他、接受他的「較好的自我」，然後又流更多淚。兩個自我在拔河，時而堅持不放、時而決定放手，最後他說：「我的頭腦放鬆了。」

隨著時間過去，穆西腦海裡的影像變得比較柔和。他會在腦中看見哈希姆，但不會緊抓著太久：「如果我想起他，我不會過分念著他。我會讓回憶進入腦中然後消失，這對我很有效。影像飄進來又飄出去。」有一次面談，穆西戴著哈希姆的手錶，他一邊輕撫錶面、一邊憶起弟弟：他們一起騎腳踏車、搶掌上遊戲機、嬉鬧、比賽任天堂遊戲。他深切思念哈希姆，但不讓自己一直想弟弟，因為「太痛苦了，我必須准許自己有一些好日子。」

穆西感覺自己正在恢復精力，工作狀況慢慢改善，建立起他的信心。他買了一隻小狗，興奮之餘也開始從狗狗身上學到，他的行為會對周遭事物產生影響，瞭解前後一致和界線的重要性。「牠為我的生活帶來更多生命。」

有一次拜訪父親時，穆西發現他手裡拿著哈希姆的出生和死亡證明。穆西告訴父親：「重要的是他的出生證明，因為他曾經在這裡、曾經活過。他做了許多好事，除了最後幾個月以外，他的人生沒有任何污點。沒有什麼好哀傷的，有很多好事可以記住。」

他開始忘了來諮商，我們討論是否是時候結束了。他告訴我，他不「結束」事情的，但我們還是定了個日期。我們的確有個結束，而他心懷感激。他告訴我，他可以信任我，「我從妳的眼睛看得出來。」接著，他沒有「付錢」就離開了。

03 費吉亞

在四十五歲那一年，她的姐姐被診斷出運動神經元疾病，五年後辭世

我和費吉亞的關係非常地二十一世紀：她從網路找到我的聯絡方式，我們每週用Skype視訊。我從未當面見過她，但我看到了她的客廳，偶爾還有她的小孩——兩個十幾歲的兒子和一個女兒，其中一個兒子會來幫她解決電腦問題。另外，有一半的諮商時間我會見到她丈夫。比起她直接來諮商室，我其實見到了更多她的世界。

費吉亞四十五歲，在巴基斯坦出生，她是一名住在伯明罕的醫師。她的姊姊艾莉亞六個月前被診斷出俗稱為「漸凍人症」的運動神經元疾病，費吉亞遭受很大的打擊。姊姊是她生命中最親近的人，她們出生在一個大家庭，年紀只差一歲半，幾乎就像雙胞胎，彼此分享生活中所有的大小事。兩年前費吉亞離開姊姊來到英國住，希望給孩子更好的未來，這是她這輩子做過最艱難的抉擇；不只因為她深愛姊姊，也因為這違背了大家庭要住在一起的文化。

由於艾莉亞在巴基斯坦無法獲得專業的醫療照護，現在是由家人照料。他們只知道，艾莉亞還有四年壽命，費吉亞為此感到無力。

我們面談的前幾週，費吉亞不斷埋怨診斷結果，她一直哭、哭個不停。她承受不了那種無力感，她想治好艾莉亞。身為醫師，診斷、治療是她處理疾病的方式，她難以忍受自己欠缺可靠的程序來運用。

我們之間出現一種模式，視訊開始時，我會提一個問題，像是：「妳好嗎？」她總是一成不變地回答：「很好。」接著，一提起艾莉亞的名字，她的悲傷就會流洩。面談接近尾聲時，她會想要「一帖藥方」——我能給她什麼來幫助她？我常給她的答案是「運動」。

我知道我一直重複說到運動，但運動真的是我推薦的最佳良方：出去戶外、提高心臟速率、呼吸新鮮空氣，事後總是能感覺更好。我也建議她做一些能夠安撫心情的事，不管是看電視或請人按摩，只要是可以撫慰她的活動都好。我也時時提醒她，雖然她感覺自己無能為力，其實她做了很多事情幫助姊姊，比她自己願意承認的還多。展現自己有多愛她——一種從嬰兒到成人都認得、親密共處的那種愛——是很重要的支持。

費吉亞的丈夫有一副好心腸，不過個性很傳統。他會務實地就事論事、提供解決辦法，但他完全不明白傾聽她說話很重要。他對「艾莉亞」這個話題的耐性很明顯快要磨光了，費吉亞一說到姊姊的事，他就會轉移話題或離開房間。他們為此爭吵，但要他聽妻子說這些事，他實在做不到。我想大多數人應該會因此生丈夫的氣，甚至疏遠對方，至少我確定自己是如此。但費吉亞接受他的極限、不勉強丈夫，並感謝我能擔起聽她傾訴這個角色。

艾莉亞有三個女兒，都還不到十四歲，我很少聽說她們的事；她還有一個十七歲的兒子哈姆扎，她和丈夫都很為他操心。她的家庭不太擅長溝通，家庭的規則就是「讓自己沒事」。費吉亞告訴我，哈姆扎顯然很氣母親帶來這個悲慘狀況，又因為氣她而內疚，理智上知道那不是她的錯。他很害怕她快死了，又想要過好自己的人生，反應就像普通的青少年那般。這是一池複雜的情感，在某個程度上必須釋放出來，但哈姆扎緊緊封閉住情感，成天黏在電腦螢幕前，試圖盡可能忽視現實狀況。

我建議費吉亞應該和艾莉亞聊聊敏感的話題，像是她害怕什麼？費吉亞自然不願這麼做，指控我露出「那種表情」——類似我們在說「做就對了啊」時的那種臉。當費吉亞終於問姊姊有何牽掛時，艾莉亞說她最擔心孩子，尤其是兒子；她很愧疚，覺得自己沒有當個好媽媽。在剩餘的生命裡，她全心全意要當個好媽媽，越久越好；面對死亡，她的母愛是非常真實的生命力量。艾莉亞自己也很怕：怕窒息而死、怕將來症狀惡化。費吉亞下意識察覺到艾莉亞惶恐無比，但親口聽她說，就像是重新發掘出這點，讓費吉亞非常難過。

每次和費吉亞面談，我都會和她一起哭。面對姊姊緩慢邁入死亡，其間沒有人能做任何事，對我來說這簡直糟糕到極點。艾莉亞將一步一步失去移動身體、頭顱和脖子的能力，她將再也發不出聲音，或用其他方式來溝通；同一時間她卻神智清明，知道自己最終會因無法呼吸而死。每當我思考費吉亞或其他家人正在經歷這種事，就覺得好可怕、心碎不已。

我與費吉亞的連結，支持住我們兩個：這是內心可以感受到的連結，由共同的黑色幽默強化。費吉亞說，我們的笑聲「踢走了糟糕的感覺」。我們發展出那種好勝的玩笑，讓她可以忍受那些原本會輕易使她招架不住的無力感，並在每次諮商尾聲帶出她內心的平靜。

費吉亞一年去見艾莉亞三次，這些拜訪充滿了困難。她必須離開丈夫、小孩和工作，旅程昂貴又累人，卻是必要之舉：她在那裡便能全神貫注在姊姊身上，可以立即連結共同的回憶，以及手足之間言簡情長的溝通模式；她能成為她想當的那個妹妹。從艾莉亞的眼神和表情，費吉亞可以看見她的黑色幽默驅散了她們當下的恐懼，即使效果只有短暫片刻。

這些拜訪使得在費吉亞內心糾葛的各種愧疚浮上檯面。「它們就像章魚的觸手那樣跳出來。我解開一隻，另一隻又冒出來叫囂，繞住我、緊緊纏住。」我們小心翼翼解開兩種愧疚：一個是她覺得自己應該回巴基斯坦，和艾莉亞一起住；她知道這對她的丈夫和孩子不好，但這是艾莉亞的期望。費吉亞希望我從她的角度來理解：留在英國，她等於脫離一個深植的家庭義務傳統——一家人要住在一起。她感覺有一小塊的她，在這過程中破裂了。

另一個愧疚，則是她活得好好的，能夠每天享受人生、描繪未來，與孩子一起玩；艾莉亞卻被困在輪椅上，漸漸無法說話。在最近一次諮商中，費吉亞面臨了「回巴基斯坦」的愧疚，因為她告訴艾莉亞她要留在英國。「這是一個穩輸不贏的決定，但我下定決心了。至少，我對艾莉亞和自己都很坦白。」我看得出來愧疚感還沒消逝，但至少「我該嗎／我不該嗎」的可怕交戰似乎已經結束。

經過一年的每週定期諮商之後，費吉亞比較不需如此頻繁的對談。她已經清楚明白自己的內心發生什麼事、如何支持自己，所以我們變成每兩個月視訊一次。諮商開頭，費吉亞會給我一副冰冷的神情，讓我得知她不想哭、也不想感覺任何情緒。她很難過自己已經「習慣」喪慟，但我溫和地讓她明白，人活在世上，想要生存就必須適應，這通常意味著轉換我們的觀點；能夠適應新現實，或許是維持健康的關鍵法門。大部分時候，我很少說話，只是傾聽；我反映我聽見的話，也反映費吉亞似乎感受到的情緒。

我們相處的第二年，費吉亞的悲傷從巨大的眼淚瀑布，轉變成疲憊的漏水水龍頭，水珠落在她做的每件事情上。她感覺有一股悲傷緩慢地遍及各處，好像反映了姊姊的疾病。我給這些感受一些空間，但也努力鞭策她做些好玩、肯定生命的事。我們兩個都很好勝，我的論點是這將成為一場長期戰，她必須好好照顧自己，充分休息、恢復精力，才能熬過去。她認為平常做禱告就足夠，但我知道儘管信仰是她的核心支柱，她仍必須參與生活的各個層面，享受妻子、母親和醫師的角色。「喪慟中的妹妹」這個身分，不該是定義她的唯一事物。

我問費吉亞，她周遭的親朋好友群體怎麼表示支持。她有個朋友會問姊姊的情況，但整體上他們的態度是「相信阿拉的意志，堅強起來、禱告」。她不斷和無力感與悲傷交戰，他們質疑這樣是否明智，問她：「這對妳真有好處嗎？」這些事倒不至於讓她真的生氣，因為她相信要對「神給她的計畫」有耐心。「我很感恩祂給我的一切；我很感恩我的生命。」這種態度是穩定她人生的寶貴事物。

艾莉亞的病情日趨惡化，費吉亞和姊姊的連結漸漸消失，她的憤怒爆發開來。「我正一寸一寸失去她。」她哭著描述，她能想像艾莉亞每天的真實感受和想法：坐在椅子上，再也不能移動雙腿、控制頭部、使用雙手，能夠自己做的事情一件都沒有。我和費吉亞一起為她姊姊的狀況哭泣。此時，我們已經建立起十分有用的親密感與連結，令人心碎又暖心。

我們談了更多有關艾莉亞實際的狀況，我問她：「妳有沒有什麼話必須對姊姊說？別讓自己有遺憾。」幸運的是，費吉亞早已和姊姊進行這些重要的對話，艾莉亞寫了一封電子郵件（花了她好幾個星期），在信中列出她對葬禮和家人未來生活的願望。

和費吉亞諮商的第四年，話題圍繞在所有相關人士的精疲力竭，以及不知艾莉亞何時會死的漫長等待。隨著疲憊而來的，必然是充滿愧疚的想法：「這一切什麼時候會結束？」和「我不確定自己還能夠撐多久。」這是一個極為痛苦的情感死胡同。費吉亞的思緒混濁黑暗，黏在她身上，把她所有的感受都染黑。雖然她很痛苦，我能看出「神的意志至高無上」這種信念並沒有動搖，我很羨慕她的信仰帶給她如此慰藉。

到第五年，艾莉亞的情況叫人焦慮苦惱。她無法與人溝通，也不能活動，必須利用靜脈輸液；在這一切過程中，她的認知和智能依然保持完好。慢性疲勞磨光了她丈夫和四個孩子的耐性，嚴重的壓力常常導致他們大吵一架。費吉亞每天與姊姊的視訊通話，必須縮減成兩、三天一次。

有天費吉亞傳簡訊給我，說她要去巴基斯坦，因為艾莉亞病況惡化。幾天後，她又傳來一封簡訊，表示姊姊染上肺炎，在睡夢中平靜過世。「平靜過世」這一點，為姊妹倆帶來深厚影響。費吉亞一直被艾莉亞窒息而死的可怕畫面糾纏，但最後她免於陷入這種現實。

我從未當面見到費吉亞，卻感受到她喪慟的重量好一陣子。我的工作有時滿怪的：我在這裡為一個從不認識的女子傷感，對方或許完全不知道我的存在，但這感覺起來又像真實的失去。艾莉亞在我腦海中存在五年，我想像過她的折磨、她的恐懼、她的悲傷，現在她真的走了。

費吉亞從巴基斯坦回來後，有一段時間增加了面談的頻率。她的喪慟很新，她再度為艾莉亞的死、為失去姊姊的實體存在而哭泣。信仰安慰了她，因為她相信艾莉亞上了天堂，再也不會受苦，但她依舊在強烈的悲傷、麻木、像機器人一樣工作、與孩子丈夫感覺失去連結之間擺盪。然而，最終她發現自己每天早上起床時，呼吸變得比較和緩。她不情願地承認，擔憂與不知何時會結束的那些重量，已經從她身上移開。

信仰是她堅貞不渝的盟友，她依循巴列維教派（Barelvi）的傳統，執行她的宗教中提點的所有儀式，加速艾莉亞前往另一個世界的旅程：在特定的日子於儀式集會中禱告、誦唸《可蘭經》、為社區的鄰居和窮人送上食物。我看得出，相信艾莉亞在一個「更好的地方」，這個意念有著具象形體，給了她力量和寬慰。

隨著時間過去，悲傷的強度減弱，她感覺比較平靜了。她驕傲地說：「我每天都想著艾莉亞，能在腦海中看見她的臉孔。我再也不怕忘記她，她是我的一部分。我相信，我們總有一天會在更棒的情況下重逢，沒有這麼多折磨與痛苦。」

悲傷練習

以上個案全都描繪了在對抗艱困的死亡時，當事人複雜的心理。我會想寫這些人的故事，是因為我和這些個案的關係格外強大，即使諮商結束，關係仍久久存在我的心中。

理想的手足關係可以給你某種團隊感：一輩子站在你這邊，赴湯蹈火在所不辭。「獨子」這個詞彙隱含一種「一個人不太夠」的感覺。手足情誼即使經過多年沒有聯繫仍會存在，兄弟姊妹永遠都會因為共同的血緣、歷史、秘密、回憶和語言連結在一起。

手足長大成人之後很少會完全切斷聯繫，但是約有三分之一的人將手足關係描述成敵對或疏遠。這當然不會讓手足的死比較好受，只是使其更複雜。沒有機會修補破裂的關係、對過去的行為後悔，通常會帶來額外痛苦。

手足死亡最大的比例是發生在年長的人口，這些世代通常不會尋求諮商。雖然百分之八十的人口有手足，這個社會卻不太承認這是生命中很重要的關係；舉例來說，鰥寡或喪子的父母都有支持團體，手足卻沒有類似的支持團體。當代的研究開始顯示，手足對我們未來性格的發展，比我們目前所認為的更更有影響力。這表示他們的死亡會帶來衝擊，深刻影響我們。

我與個案諮商的經驗是，這段關係的感情越深，心理治療就越可能幫上忙。當個人付出信任，就能讓他們自我信任，從而連結到困擾他們的核心問題。當他們對我揭露隱藏的自我（通常是羞恥的那一面），同時也是對自己這麼揭露，因此反而更能承認這些感受。我相信，深入的感情是由心理治療關係的雙方共同創造；如果對方不願對我敞開，我能做的也只有這麼多。最親密的友情也是如此，當我們對彼此開放誠實、不帶任何評論，友情就能變得更深厚。

自殺

穆西的喪慟歷程因弟弟是自我了斷而加劇，相較於其他人，他的喪慟更加複雜、綿長，雖然實際上的體驗以及需調適的情感相似。愧疚感常伴隨喪慟而來，感覺會很像活生生的傷口。許多疑問在穆西的腦海裡盤桓不去，它們沒有被回答、如今也無法獲得答覆了：「為什麼？」、「假如……」、「但願……」這些質疑干擾到他的心智活動，使他難以正常度日。

愧疚和羞恥常常伴隨「假如……」這樣的問題。自殺的不光彩可能讓喪親者感到十分孤立，而朋友和同事由於不知該怎麼接近對方，或許乾脆絕口不提。自殺者的親屬也有被標上「壞哥哥」或「壞媽媽」的風險，被世人認為他們一定是做了什麼或做得不夠多，才導致亡者自殺。

自殺帶來的震驚可能持續很長一段時間，人們通常不會意識到這點。死亡的情節在喪親者的腦中打轉，他們永遠無法獲得一個不一樣、較快樂的結局。

幫助這些因逝者自殺而悲傷的人們時，我使用的方法之一是請他們將事態聯想成「大腦的心臟病發」。大家都能理解無論年齡或健康狀況，任何人都有可能心臟病發；有些生理疾病可以避免，有些則不能。自我了斷者的身心並未正常運作，他們無法理智思考，充斥著自我攻擊的思緒，這就好比是心臟病發，最後導致他們自取性命。生者有時認為亡者是「選擇」自殺，並因此連結到自責和羞恥，我認為上述聯想有助於打破此類思維。或許真有符合那種說法的狀況，但心智健全者大多數不會選擇自殺。

我曾看過有些人會主動決定不讓自殺者的死法來定義自己，他們的心智通常也強韌到足以做到。我也諮商過一些持續對自殺死者憤怒至極的個案，他們這樣只是讓痛苦繼續存在，無法調適心中的痛。人們常說「要想辦法接受」自殺的喪慟。一位喪子的母親則對我說：「你永遠不可能『忘記』，只能繼續這樣過活；你永遠不可能『拋開』，只能懷抱著它向前走。你漸漸開始吸收尾隨著失去而來的強烈痛楚，然後才非常、非常緩慢地接受。」

自殺案例的家庭系統

一個家庭的各個成員會以不同方式喪慟，可能因而劇烈擾動家庭的結構。在某些案例中，這個系統永遠無法回復如初，會一直傾斜失衡，但也有些可以修復。然而，亡者導致的空缺永遠都覺察得到，無論這種感情獲得承認或是被藏起來。

溝通是喪慟最困難的層面之一，在家庭內或是較廣大的社交圈裡都是如此。怪罪的感受（通常沒說出口）、對自殺的資訊和理解不夠充分，都可能妨礙喪慟的過程，而其他人則是不知要說什麼、如何幫上忙。家庭成員受到孤立，惦記著這樣的問題：「如果你愛我，你怎麼會這樣對我，留下這片混亂？」除此之外，無論失去的是哪種未來，死因是自殺時所造成的影響都可能更重大，因為是他們所愛的人決定不要有未來。

面臨自殺的風險

喪親的哀戚有可能引發自殺。我們有必要知道，當有人說「我想自殺」，他們不是在「博取注意力」，應該要認真看待。先前曾經自殺未遂，是自殺最大的危險因子。據估計，高達百分之五十的自殺者，先前都曾試圖傷害自己。

自殺的相關數據

在英國，每年約有四千四百人結束自己的生命。也就是每兩個小時就有一人自殺身亡，試圖自殺的數量則至少是這數字的十倍。近百分之七十五的自殺者為男性。幾乎在所有文化中，自殺率都會隨著年齡增長。在英國，七十五歲以上的自殺率最高，但自殺也是三十五歲以下男性常見的死因。

心理被診斷出有問題的人，自殺風險更高。大約百分之九十的自殺者，死亡時飽受精神疾病所苦。因酒精成癮、慢性憂鬱和精神分裂痛苦的人，自殺風險最高。曾試圖自殺的人當中，高達百分之二十會在一年內再度嘗試。以群體來看，這些人繼續自殺的可能性，比從未嘗試自殺的人高一百倍。

對年輕人而言，霸凌、家庭糾紛、心理健康問題、失業和家族自殺史，都有可能提高自殺風險。百分之八十的青年自殺者是男性，每三個之中就有一個在死亡當下是醉酒狀態。而對於年長者，貧窮、住家品質差、社會孤立、憂鬱和生理健康不佳，都是增加自殺風險的因素。在英格蘭和威爾斯，五十歲以上的男性每年有超過一千人結束自己的生命。

創傷型喪慟

創傷型喪慟來自突如其來、意料之外的死亡，例如哈希姆的死，死因有可能是自殺、他殺、意外或戰爭，這種喪慟令人招架不住、無法接受。無論是親眼目睹甚或單憑想像，事件造成的震撼都會非常強烈，一個或多個感官的刺激就可能產生回想，視覺、聽覺、嗅覺或觸覺方面都有可能。喪慟者可能會不時爆發極端情緒，完全封閉自我。

完整敍述發生過的事會十分有幫助，將文字和敏銳的感受連結起來，這可以藉由書寫日記或和親密的朋友談話達成。創傷在你的體內，因此把創傷的事件及其造成的感受形諸文字時，謹記要深深呼吸。用你可以應付的速度進行，如果覺得太難以承受就暫停。允許他人安撫你。進行能加快脈搏的運動，接著平靜冥想，有助降低恐慌感；從事積極安撫心情的活動也有幫助。

在必須維持控制的情形下，例如正在工作，以下練習有助於隔絕讓人沮喪的影像：

- 想像一個電視螢幕。
- 將令人沮喪的影像在螢幕上視覺化。
- 深吸三口氣。
- 轉台。

- 在螢幕上放上正面的影像。
- 深吸三口氣。
- 關掉電視，將注意力轉到其他事物。

這個練習可以用在任何反覆出現且困擾你的影像上，練習越多次會越有效。

創傷事件發生後的六星期之內，回想起事件畫面是很正常的反應。但如果超過這段時間仍持續發生，就有可能是創傷後壓力症候群，建議尋求專業的協助，如家庭醫師。

創傷二次轉移

像露絲這樣，父母飽受未經治療的創傷後壓力症候群所苦，這類人通常沒被告知創傷事件的詳情，因此欠缺能讓他們聚焦這種喪慟的回憶，但他們的生活同樣充斥著失去，那些未被哀悼的鬼魂糾纏他們的心思。孩子可能在生理和心理背負這些失去，卻不曉得這是一種傷，只始終覺得自己很「沈重」或「悲傷」。

我曾經諮商過一個個案，她的父母之一實際經歷過創傷事件。她說：「我背負好多傷疤，但我不知道這些傷是什麼。那比實際被傷害更難熬。」從出生開始，這些孩子便發展出特別的思維與習慣，幫自己擋開害怕和恐懼。

很多家族如果回溯本族歷史，會感覺到有些秘密隱而不宣，毒素滲進了世世代代。對我而言，要從此事記取的基本教訓是：真相無論多難堪，都比謊言或任何形式的掩飾來得好。我們無法處理不知道的事，唯有瞭解其來龍去脈——發生了什麼、如何發生、為什麼發生——才能充分處理好它。

應對轉移型創傷的能力，奠基於由許多互相交織的因素：社會環境（包括限制與禁忌）、家庭系統內部的溝通、每個孩子的先天性格等等。對這些因素認識越多，我們就越有可能幫助自己。

信仰與宗教

宗教與文化在露絲和費吉亞的生命裡影響深遠，形塑她們的自我意識、世界觀和對死亡的態度。許多人跟她們一樣。

在心理治療初期，我便會問客戶他們認為亡者目前在哪裡。許多人不確定答案，但也有人因為宗教信仰明確，對這個問題有清楚的想法。有些人先前或許有信仰，但在發生了如此悲慘的事件後，他們正和神明角力、生氣，很難再相信神，信仰動搖可能對喪慟過程造成很大的破壞。

家人、朋友和同事齊聚一堂，共同見證、喪慟，這麼做能互相分擔喪慟，所有宗教皆如此。擁有熟悉的宗教儀式可遵循，有助於控制混亂、不熟悉的感受。大部分宗教都會闡述人死後靈魂將發生什麼事，不同宗教會進行不同儀式，將靈魂領到神的面前、天堂或「那道光」。喪親的家屬信仰越強烈，辦儀式的意義就越重大。

對信神的人而言，信仰可以賦予死亡意義，信徒通常會想像亡者引導他們在這世上的生活。總有一天會重逢的想法，是慰藉的關鍵來源。為深愛的亡者祈禱或向他們禱告，是與亡者連結的常見方式，同樣可以提供大量慰藉。

那些有信仰的人說，宗教能幫助他們度過喪慟，甚至是必要的，雖然這一點並沒有實質證據。我的觀察是，信仰對那些在喪慟過程中堅守宗教信念者有正面影響。

相信生命有意義是快樂的重要因素，並在逆境中提供一種保護。將亡者的存在感留置內心，感受他們的性靈存在，藉此找到意義，這樣的人比較能好好過活，即使所愛的人已沒有實體。

喪親者即使沒有信仰任何組織性宗教，依然可能擁有性靈的一面，會試著理解所愛的人去了哪裡。有趣的是，人們就算不相信上帝真實存在，每當事情不順遂時，仍會向神明尋求幫助；人類似乎有種本能，會尋求更高位階的力量協助。

我遇過許多家庭，想要相信將來會在「更好的地方」與亡者重逢。對那些確實相信的人而言，有時這是唯一讓他們能承受住當下人生的事物。就我的經驗，對失去孩子的父母來說尤其如此。

面對「活著的失去」

費吉亞看著姊姊死去的那五年，艱難到讓人無法想像。這是一種「活著的失去」（living loss），愛的力量是維繫著她們、最重要的那條線。親朋好友自然會想在逆境中出點力，但面對著無法治癒的退化性疾病，怎麼做都無法讓事情好轉。然而，我們絕不能低估愛的力量——我認識許多家庭，他們原本覺得只付出愛並不夠，卻漸漸發現愛是垂死之人生命中唯一重要的事物。

在一個手足即將死去、另一人還很健康的家庭裡，常見的困難之一是，垂死的手足會對身體健康、未來仍有展望的家庭成員，懷有未明言的忌妒。因為很難承認自己有這種感受，他們常會用憤怒、悲傷或疏離來表現。如果家庭成員能找到方法鼓勵對方說出來，大家都會如釋重負，倖存的家庭成員也會少一點揮之不去的疑問。

因多年擔任照護者而身心俱疲的人，都可能在兩種不受歡迎的想法中擺盪：「我再也撐不下去了，希望一切快點結束」，以及「我好怕她或他死掉」。兩種想法都有真實和力量，但它們互相交戰時，可能會把人逼瘋。

「希望一切快點結束」的想法不僅會形成愧疚感，也可能引發某種「神奇思維」，認為就算只是動念也可能加速垂死之人過世。另一方面，「我好怕她或他死掉」的想法則是一鍋沸騰的黑暗物質，照護者必須適當傾訴，才能避免生病或陷入憂鬱，這是類似情況中極為常見的問題。

第 4 篇

孩子，下輩子再當我的天使

我們會為失去的東西找個地方安置。雖然我們知道在這樣的失去後，強烈的哀悼階段會漸漸過去，但我們也知道自己會繼續傷心欲絕，永遠無法找到替代品。無論什麼東西填補了空洞，即使完全填滿了，那仍然是別的東西。

——西格蒙德・佛洛伊德（Sigmund Freud），心理學家

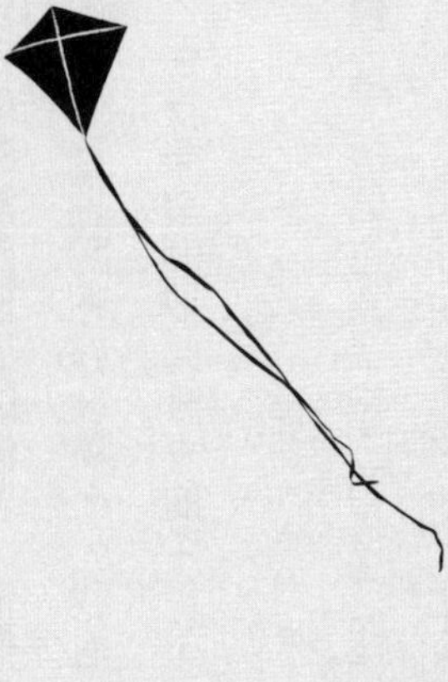

01 亨利與蜜咪

花了兩年才懷孕，卻產下死嬰

我在亨利與蜜咪的小寶貝埃丹死產不久後見這對夫妻，幾乎能碰觸到他們的痛苦。他們呼吸急促又充滿驚恐，一字一句都是痛苦萬分地說出口，彷彿他們一直踩在碎玻璃上。我看著這對來自美國的神仙眷侶，想像他們發現她懷孕時的喜悅、在懷孕期間彼此分享的希望，掃描和檢測也一切正常。

他們因埃丹的實體存在而喪慟，渴望抱著他、聞他、撫摸他。他們也為了無法和兒子擁有的未來而喪慟，以為自己會看著他長大成人、經歷許多人生的里程碑，而他們完全有權利這麼期待。他們的夢想和這赤裸裸的現實之間有一個大洞，幾乎觸摸得到。我感覺胸口隱隱作痛、胃縮了起來，但我相信我將找到辦法幫助他們重新活過來。

蜜咪尚未從剖腹產恢復，她身體痠痛、蒼白消瘦、頭暈目眩。她的乳房還在分泌乳汁，感覺就像一股憤恨流淌而出；她的雙眼猶如一池黑暗的哀傷，沒有任何生命。大部分時候是亨利在講述故事。

他們在一起八年、結婚五年，在英國住了三年。亨利替一家跨國網路公司工作，蜜咪則是醫師。他們決定等她完成訓練再開始組家庭，但事情沒這麼順利，她花了兩年才懷孕。我看得出他們怎麼會在一起：兩人的價值觀類似，都想改變這個世界，也都很有企圖心。他的身材高大健壯，她則乾淨整齊，有一頭金髮和一雙美麗藍眸。他們說話時貼近彼此，伸向對方的手，認真聽對方說話。他們會各自哭泣，但若是看見對方哭了，也會跟著哭。親眼目睹他們的感情，十分令人動容，讓我對他們的未來抱持希望。

死亡會衍伸其他問題。埃丹死產不久，他們便面臨一個困難的選擇：蜜咪的父母該不該從美國過來？亨利的父母直接上飛機，沒有事先詢問過來找他們是否恰當，但蜜咪父母的問題比較複雜：他們一直不認可亨利娶了女兒，因為他是黑人。蜜咪的家系上溯至古老的波士頓家族，她的雙親從不希望女兒進入一段跨種族婚姻。大家並未爆發嚴重爭執，只以致命的沈默來表達不贊同；蜜咪和父母的隔閡越來越大，是他們搬到英國的主因。我看得出她有多為難。失去孩子撕裂了她作為成人的自信，讓她自覺像個孩子，需要母親安撫；同時她又不想對亨利不忠，他對蜜咪父母的偏見十分憤怒，而這完全可以理解。

我認為蜜咪需要母親過來，而且倘若要求她的父母遠離此事，勢必會加劇彼此的嫌隙，使得關係更難以修復。但我並未對這件事表示意見，因為我不想干涉。最終他們也得到相同的結論，她的父母便來英國待一星期，足夠讓蜜咪覺得更親近他們，但還不至於產生慣有的衝突。

葬禮叫人痛徹心腑。蜜咪說：「為葬禮買花，是我們為埃丹的小生命唯一能做的慶賀。那代表他的五歲生日派對、十八歲、二十一歲，還有婚禮。」亨利捧著小小的白色棺材，淚水流下他的臉頰。醫院牧師主辦了這場葬禮，亨利和蜜咪都念了詩詞和禱文。那是一場非常簡短、只有家屬到場的儀式，每一分鐘都被沈重的悲傷壓迫，哀悼這個新生命未能茁壯便已逝去。

聽著他們敍述，我感覺到體內的沈重。看著埃丹的照片，他形體完美，緊緊地被包裹著，看起來像睡著了，是一個好可愛的小男嬰。我很高興他們拍了照片，因為這些照片未來會很重要。知道他們花了時間與他相處、一整晚抱他，創造出永遠停駐在他們心中的珍貴回憶，也讓我放下心。我不禁問自己，這麼美麗、看起來這麼健康的寶寶，怎會就這樣死了，只存在回憶之中？這完全沒道理，也永遠不可能會有道理。

蜜咪的身體開始恢復，但心理的痛苦接續而來。她想要答案：埃丹為何會死？孕期很正常，每一則注意事項都有完成，每個階段都好好的，為什麼、為什麼、為什麼？她的醫師身分讓這一切更惡化，她鑽研個案筆記、焦慮地等待驗屍結果、查閱醫學論文。她想著她吃下肚的乳酪、她搭到美國的飛機。難道她是因為犯下某種自己也不知道的罪，因而遭到懲罰？任何答案都能讓她取回一點掌控權，什麼也不知道令她深感無力，這對她相當陌生，她壓根不喜歡這種感覺。

蜜咪的人生到目前為止都很成功，她毫無準備要面對這種事。她一直相信，只要夠努力、投注所有的時間和精力，就能得到成果。就算事情不順遂，她也都能夠站起來再次努力，想辦法撐過去。但這種信念使她沒準備好面對喪慟。

埃丹死後十天，亨利回到工作崗位。雖然他的公司對外吹噓「愛護員工」文化，但老闆希望他完成一個大計畫，亨利備感壓力、必須回去上班，他看起來累壞了。我問他過得如何？「我工作時一直在擔心蜜咪。我沒辦法專注，記憶力變得很差⋯⋯一切都毫無意義⋯⋯每天想起發生了什麼事、想到埃丹的小臉蛋，我就覺得心好痛。」工作偶爾能讓他分心，這種時候對他來說是一種放鬆。

蜜咪談到她覺得自己有責任，因為埃丹是死在她體內。若非親身經歷，外人幾乎不可能理解這種心理衝擊。她的體內孕育著一個活生生的健康寶寶九個月，看過寶寶動來動去、吸吮手指的超音波，聽到他的心跳漸漸加快，在手機上聽著超音波的錄音，心中滿是喜悅和期待。寶寶在她的子宮成長，給她一種很有力量的感覺，但最終她產下死嬰，則帶給她極端反差的感覺。寶寶是分娩時死在她的體內，她卻無能為力，對她是很大的折磨。她的理智和心靈不斷交戰：頭腦知道自己沒有做錯任何事，心卻不那麼想。她覺得自己的身體失敗了，並在某種意義上自覺好像受到懲罰。

我發覺她會瞄向亨利，尋找他眼中的憤怒或譴責，但她找不到。我對亨利說，親眼目睹妻子受苦，看她被推進產房剖腹時所感受的恐懼，接著又面對無生命跡象的寶寶，他受到的創傷跟妻子不相上下。他說：「我一直想到一個畫面：在產房外等候，不知道誰會活著出來——蜜咪或寶寶。醫師一個個衝進去，我在外面嚇壞了。這個畫面比其他更讓我掉淚，至今我還能感覺到體內的恐懼。」

我們全都覺得好像在努力涉過泥巴，對我們而言這是非常艱困耗力的任務；雖然這感覺很異常，我知道這是常態。我發現人們在喪慟中的模樣，反映了他們在生活中的樣子：坦誠以對，願意尋求連結。我能輕易踏進他們的世界並受到歡迎，被允許進入一個如此私密的過程裡，使我備覺暖心。

亨利回到工作崗位上的疲憊，造成他們之間浮現緊張氣氛。亨利對同事很有耐心，對蜜咪卻暴躁易怒，蜜咪自然希望「工作時的亨利回到家」。他們似乎無法給予或付出對彼此的愛，但這正是能讓他們維持平衡的唯一事物。他們決定週末到巴黎度假，短暫離開有益他們的身心健康、注入新活力，儘管兩人都知道壓力仍會在搭機返國時回來。怪異的是，我們在巴黎的某處停車場做過一次視訊諮商，我很高興首度看見他們的笑容。

亨利想要有所分心、做些冒險、一起嘗試新事物，就像過去那樣。我感覺得出，他害怕如果他們不向前走，就會跌入一個深淵，再也爬不出來。但這不是蜜咪想要的，她寧願待在家，買隻小狗、看書、畫成人繪本，絕對不要搬家或嘗試新奇危險的事物。她必須縮小生活圈，才能好好管理圍繞在她身邊的恐懼。蜜咪很聰明、充滿潛力，說話時總是口條清晰，但我看得出來，埃丹的死粉碎她的夢想，讓她只希望能夠撐過每一天就好。幸好亨利很有毅力與耐心，他瞭解並接受這個狀況，從未提起「迅速治癒」這種一般人會有的下意識反應。

幾週後，蜜咪感染病毒，病得非常嚴重。她花了好幾週才復原，並重創她情感療癒的能力；她再次覺得無法信任自己的身體，她的肉體讓她失望，這個認知震撼了她，使得她對自己的死亡感到恐懼與憤怒。蜜咪說：「我就像一塊拼圖，哪裡也拼不進去，情感上、生理上、任何地方都不能。我不知道世間何處才適合我，不知道自己想做什麼，不知道自己對什麼感興趣。而在這一切之上，我有一股失落感：那是喪慟，還有無望感，接著是全面的悲傷。」唯一適合她的地方，就是能和埃丹在一起的地方。她感覺一股來自內心深處的空虛出現在她的臂彎，因為那裡是埃丹應該要躺的地方。

討論他們的差異很有幫助。他們知道怎樣好好爭執，這是成功的伴侶關係一個關鍵的面向。他們可以不互相責怪地生氣，知道爭執過後怎麼和好，深刻的關係支持著他們。在一次格外嚴峻的爭執尾聲，我注意到他們會稍稍損對方一下，那是一道小小的希望之光。

他們一起談論埃丹。他們永遠不會知道他是誰、他會有什麼樣的個性、他長得像不像他們其中一個。他們永遠不會聽見他的聲音，只能想像他長大一點、學走路時、變成小男孩時的模樣。雖然很痛苦，但像這樣想著他，某種程度上也等於營造一個地方，讓他們能將複雜的感受導向那裡。

許多個星期過去了，蜜咪的心情仍然十分低落。「我不想吃東西、不想起床、不想換衣服。是啊，我只覺得好難受，但至少我還會洗澡梳頭。」朋友常找他們出去，過去她會很樂意前往，但現在他們對社交往來無比陌生。她在不熟悉的環境再也無法安心，也無從預料若有人說了什麼讓她想起埃丹，她會做何反應。蜜咪希望能控制自己的感覺，想要有個讓她好過一點的開關。「我真是受夠了自己，現在就想和自己離婚。」這就是喪慟的困難真相：它完全無法被控制。喪慟會以自己的速度進行，通常比任何人想要的還久。

蜜咪想知道跟其他人比起來，她的狀況怎麼樣？大多數人的確會想知道「我的狀況比別人糟／好嗎」。他們假定自己的狀況更糟，因為痛苦更深。我打了個比喻，她覺得很有用：埃丹的死就像一場地震，對災區內的每棟建築造成不同程度的影響。同樣地，每件個案中的重建都會不一樣，不能拿她和任何人比較。

蜜咪有個十分強烈的自我意象：她就像一家剛創立不久的公司，沒有任何系統或資料庫可依靠。她覺得自己被塞進一個她不認識、不喜歡也不想要的新自我。那種痛苦不像憤怒或其他感覺通過她的身體，而是佔著位置不走。她開始明白自己必須讓痛苦以它的速度進行，而她的目標是要允許這個喪慟中、不確定的自我，和那個野心勃勃、有效率又自信的蜜咪共存。原先的她現在變沈默、被擊垮了，但她必須相信它還存在。她發現自己在「地獄的邊緣」（limbo），那是一個很好的比喻——不在地球，也不在天堂或地獄，而是在一個難以界定的無人地帶，她必須找到全新的方式適應，才能生存下來。

亨利似乎調適得比較好，但悲傷也深深重創他的核心。有時，一切似乎比先前更難忍受，因為死亡的感覺更真實了。他在公園進行軍隊式的體能訓練，生理上的強壯讓他感覺心理上也跟著強壯。有時為了安慰自己，他會運用把埃丹抱在懷裡的回憶，感覺寶寶的重量壓在他身上、輕撫寶寶柔軟的肌膚、大手握著寶寶冰冷的小手。眼底滾著豆大的淚珠，亨利說：「很慶幸我有摸摸他的頭頂。」埃丹是真實的，他有被生下來。亨利害怕失去對寶寶的記憶，害怕未來會遺忘他。

對亨利格外困難的一點是，大部分男性友人都不承認他的失去有多痛苦；他們會問起蜜咪，卻假定這對他沒有那麼痛苦。他對那些交情很好卻只偶爾傳簡訊的朋友靜靜地生氣，無法想像繼續維持友誼。亨利可以和表親、妹夫談論他的悲傷和看見埃丹死產的創傷，對其他人卻說不出口。「支持的運動隊伍落敗時，男人可以哭、可以有情緒，我實在不懂為何面對真正重要的事情時不能這樣。」

亨利和蜜咪在週末一次長時間散步中發現，兩人之間浮現了一種孤立感。他們討論了許久，決定把喪慟的過程當作一項專案來管理。他們坐下來，一起為未來擬定計畫：他們想要什麼、如何達到目標、怎樣持續彼此溝通。建立這個架構有助於促進團結，也讓他們信心提昇。

夫妻倆一起來見我，是他們分享彼此失去的重要環節，幫助他們不致陷入原先便存在且日益擴大的隔閡。這讓他們能真正去傾聽彼此內心發生什麼事，因為如果有第三人在場，有時更容易使人聽進話語。他們就和大部分夫妻一樣，彼此都擔心對方因自己的痛苦而跟著痛苦；夫妻間要開放到足以建立情感連結，又要避免過份親密到變成互相依存，想達到這種「剛剛好」的平衡相當困難。

整體而言，亨利和蜜咪這支雙人舞跳得相當好。他們有時會讓對方吃驚，聽見以前不知道的事情，但兩人的互動始終帶著一種共患難的團隊感。現在他們會一起嘗試新事物、一起冥想，這無疑是他們療癒的基礎。

一年後，仍有各種劇烈起伏的事情需要處理。他們都很思鄉，想要透過熟悉的環境、家人和老朋友來獲得寬慰。亨利十分茫然，不知道該回美國或留在英國，鼓不起他平常奮戰的活力。蜜咪則決定採取「不斷假裝，直到成真」的方法，強迫自己多出門、去上課、當志工。承認自己感覺很糟糕，讓她稍微獲得釋放：「彷彿是解開一條結打得非常緊的繩子。」這就好像她按下某個開關，讓她比較喜歡的那個自我出現似的。他們抵達和離去的時候，我最能注意到她在「假裝」：她的聲音會升高幾度，裝出一副哼歌的快樂語氣，讓我覺得很惱人。但是當我明白她是為了亨利而作戲時，我便懂了——即使她沒辦法說服自己好起來，也想要表現出沒事的模樣給亨利看。

亨利與蜜咪之間有一個無形的蹺蹺板。最好的狀態下，他們可以抬高對方；最糟的狀況下，則會將對方往下拖。互相競爭與衝突的各種思緒，可能會伏擊他們：生與死、希望與絕望、有力與無力。這些令人不舒服的思緒存在他們體內，唯有坦然說出這些想法，他們才知道自己被往哪個方向推。

他們覺得動彈不得。兩人說好要把埃丹的骨灰放進骨灰罈，在他死去一週年時給他寫一封信，過了三個月，他們沒買骨灰罈、也沒寫信。蜜咪承認自己跨不出去，但這沒有那麼單純。她發現，因為沒有實際的回憶，所以更難放下她確實擁有的那幾樣東西：他的衣服、搖籃、集乳器，全都和埃丹分不開。「回憶是我們僅有的，先前的回憶很難放下。」亨利說，他們覺得自己身在「霧中」，我們也一致同意必須做些動動身體的事情，實際改變外在、跳脫這一切。他們的租屋處是最能喚起埃丹回憶的地方，但那裡也是一間「幽靈公寓」，他們從未掛上照片或做任何事，讓它真正變成一個「家」。

我們開始明白亨利與蜜咪經歷中的事情有多複雜。他們必須讓埃丹「慢慢來」，尊重喪慟所需要的時間，但有時這股喪慟會變得很複雜，幾乎轉變成憂鬱。由於他們的感受是不想拋棄埃丹、要牢牢抓住他，他們很難讓自己做主，那感覺像是要「把他忘了」。我們同意「害怕忘記埃丹」這樣的恐懼很巨大，但他們也很清楚自己不可能忘記埃丹。他們體認到必須做出會帶來改變的決定，才能在享受當下和追憶過去之間自由往返。

隔週，我聽見他們鼓起勇氣做出新決定、向前走。蜜咪買了美麗的容器來裝埃丹的物品，外頭要繡上他的名字縮寫。他們即將搬家，雖然考慮到六個月內有可能返回美國，這或許不是最佳選擇，但這能讓他們轉換到正面狀態、新鮮的環境；最重要的，他們還能養隻小狗。透過地理位置搬遷來遠離問題，很少會有成效，因為問題仍會跟著你移動。但我覺得這次不同，比較像是一個轉捩點——往希望的方向踏出一步，慢慢重建對生命的信任。

我們相處的最後一年，有個兩難反覆出現：他們該不該再嘗試懷孕。亨利想要挑戰看看，生命對他而言如此短暫，「要再試一次我也怕，但我只想放膽去做。」蜜咪則非常不確定，她感覺要很久以後才得做出這個決定，於是選擇不去想。亨利有時也不願去想：「每當看見有人帶著小孩，或在地鐵看到貼著『有孕在身』貼紙的女子，我都不敢朝他們的方向看，那實在是太痛苦了。」蜜咪則發現自己會晃進嬰兒服飾店，在貨架之間輕快走動，接著突然湧現一股驚懼，快速奔出店門。她也覺得自己「對孕婦不正常地惱怒」。他們倆都豎起防備，抵抗幻想新寶寶的痛苦，但我們都瞭解，這才是他們最想要的。

矛盾的是，不要給自己太大的壓力做出抉擇，這種做法竟然奏效了。最後，他們決定再試一次。這完全不是一個簡單或毫無痛苦的決定：進入擁有孩子這個夢想的關卡，也代表再度進入孩子或許會死、他們可能終生膝下無子的恐懼。一旦親身體驗過孩子的死，往後就再也不可能排除這種想像。

現在只能等待了。他們一整個月心懷期待，直到蜜咪經期如常才希望破滅。我由衷期盼他們不會等太久。

我們的合作仍在持續。

02 菲爾與安妮特

家中第三個孩子，四歲時溺死在游泳池裡

收到緊急求助訊息、要我聯絡一位好朋友的那天，至今我仍印象深刻，我連當時站在哪裡都記的清清楚楚。對方非常憂愁，因為他最好的朋友的四歲女兒安珀，方才溺死在游泳池裡。我打給她的父親菲爾，他正在開車前往太平間見安珀。和他一起在車上的，是他四十五歲擔任布景設計師的法國妻子安妮特，以及另外兩個孩子：碧翠絲與亨利（分別是七歲和十歲）。訊號很差，菲爾哽咽著告訴我他們正要去什麼地方。我很敬佩他們，因為他們本能地想帶另外兩個孩子去見安珀，知道讓他們參與這件事才對；手足必須親眼見到安珀的遺體，才能真正相信她已經死了。

就像每個頭一次開啟這類話題的人，我很希望有一句可以讓一切神奇地稍微好轉的話語，但世上不存在這種句子，所以我說了唯一能說的：「很遺憾你們的女兒安珀過世，我很

難過這種悲劇發生在你們身上。我能怎麼幫你們？」他們兩位都說希望得到引導，我們同意稍後再談。

我擔心起下一次的談話，因為我必須找到方法，跟他們談論一般人連想都不該被迫去想的事情。我告訴他們，他們要給自己時間計劃葬禮，這很可能是他們能為安珀籌劃的最後一個活動。如果他們慢慢來，就能思考他們想要什麼、好好做出決定、有餘裕改變心意，之後便不會後悔。他們必須仔細想一想，要怎麼讓碧翠絲和亨利參與才最合適。安珀要穿什麼、他們想在棺材裡放些什麼——哥哥姊姊給她的訊息、他們給她的訊息、她的泰迪熊等等——這些事情他們都需要花時間討論。

談話的過程當中，我開始認識他們是什麼樣的人。菲爾的情感比較開放，他一提起安珀的名字就會啜泣，胸口劇烈起伏到好像哭聲要衝破身體。安妮特的悲傷比較含蓄，她自然也極為悲痛，那痛苦卻隱在她體內深處流動，不像菲爾的痛苦是爆發出來。在我看來，這似乎是安妮特慣常處理情緒的方式，她的表現不會讓我感覺到勉強或脆弱。安妮特首要關心的是另外兩個孩子沒事，她想保持正面心態、「繼續向前進」。

我很意外他們本能的處理機制，似乎與常規相反：男人通常著重在恢復正常生活，女人則比較可能公開哭泣，將精力導向失去的事物上，並對伴侶催促著往前走而感到生氣。

葬禮過後，我們約了視訊面談，因為他們住在巴黎。安妮特美若天仙，有褐色明眸和烏黑秀髮，以及巴黎人與生俱來、英國人永遠模仿不了的優雅。菲爾有張溫和的臉孔和濃密黑髮，褐色眼睛含著悲傷。他十分結實健壯，外表讓人聯想到養來競速的格雷伊獵犬；他看起來彷彿每天跑好幾公里，藉此燃燒掉體內的痛苦。他是個老師，不難想像他那沈靜的存在感如何抓住全班的注意力，同時也能夠點燃學生的好奇心。

菲爾和安妮特都苦於創傷後壓力症候群，尖銳的回憶和畫面不時侵入腦海，不斷重播安珀溺死的場景。理解創傷型死亡的其中一種方式，就是把它想成「音量轉大的喪慟」。他們似乎在體內緊握著喪慟，雖然如果我們三人同處一室，我會更能掌握這點。討論完線上諮商怎麼運作後，我們開始談到創傷。我解釋，除非他們說出喪慟，否則將無法處理它。處理創傷有很多方式，而我認同的觀點是：創傷像是許多揉成一團、丟進垃圾桶的小紙片，而心理治療的過程是仔細檢視每一張紙，重新湊對感受和事實，建構出一個清楚、有統整性的故事。重複提起事件的點滴，能把創傷從大腦中負責「戰鬥／逃跑／凍結不動」的那部分逐出，移到理智思考的部分，跟所有「正常」的記憶貯存在一起。

這個過程很辛苦，只能一點一點進行。他們學到藉由放慢速度、深呼吸、順應身體反應，來調節自己的系統。當他們可以敍述得比較久時，便向我娓娓道來這場悲劇。

他們當時和另一個家庭一起在西班牙度假。快樂的一天進入尾聲，四個大人、六個小孩都待在池邊。他們正在收拾夏日嬉戲慣常會帶的毛巾、泳衣、水桶和鏟子，大家邊忙邊聊，沒人注意到安珀悄悄踏入池中。她通常會坐在最上面那一級階梯，但這次可能是滑倒或者多下了一級。溺水一向來得快速又安靜，等他們發現時，她已經頭朝下漂浮在池中。眾人陷入驚恐，安妮特尖叫、菲爾跳進池子救女兒。他絕望地施行心肺復甦術，安妮特則打給救護車。由於度假別墅建在山丘上，急救人員二十分鐘後才到，來得太遲：失去意識只需要兩分鐘，四到六分鐘就會死亡。

主要引發他們創傷的畫面，就是看見安珀浮在水面、將她拉出泳池、不斷嘗試心肺復甦卻失敗，接著將她的屍體抬到救護車上。每每看到那些畫面，他們體內就好像有一道悶住的尖叫即將爆發。我會和他們一起做呼吸練習，讓他們平靜下來；我體內的強烈情緒在諮商之後也久久不散。

小孩踏入泳池這樣一件正常至極的事情，怎會落得如此悲劇？這就是生命中沒有道理的殘酷。這不對，大錯特錯，而且很容易發生在我們任何人身上。這也很可能發生在我身上：我還記得看見兩歲兒子在我不知情的狀況下穿過大門，蹣跚地走向池塘，嚇得我放聲尖叫。只要我晚個幾分鐘察覺，他的命運就會非常不同，而且永遠不會有一個對我而言有道理的解釋出現。

從很早開始，菲爾和安妮特便做了一個相當明智的決定：不要讓罪惡感吞噬他們，雖然內疚的感覺如此巨大。他們強烈相信自己要為了碧翠絲和亨利而沒事，他們必須確保孩子們過得快樂。菲爾這樣描述內心的交戰：「當我沒事時，我會感覺內疚。當我難過時，我覺得是在向她表示我很想她，雖然不快樂的痛苦讓一切都變得悽慘。我正在摸索，試著找出前進的道路。」

安妮特讓自己保持忙碌，似乎想積極地帶領大家前進。她的悲傷顯然跟菲爾一樣深刻，但多談這些事不是她的天性。她說：「我就是繼續做該做的事。我一整天都想著她，至今仍未好轉。我的淚水已經乾涸，這耗盡我每一分氣力。」

喪慟潛伏在每一天的每一分鐘，雖然表面上他們仍能擁有好時光。知道他們永遠看不到十年後的安珀會是什麼樣子，將他們拉進谷底。菲爾覺得他和時間的關係變了：他將人生分成安珀死前和死後兩個部分。未來對他來說不復存在，曾經有過的線性時間觀消失無蹤。

對菲爾而言，問題不在於他能否承受這悲傷，而是他要怎麼去承受。他知道對外他能假裝，但「我的內裡不會被那樣的外在碰觸到，我依然非常悲傷。我有許多面向，每一面都受到影響，這股悲傷變成一個該死的大洞。或許有片刻這個洞不是一切的中心，但當我發現『這又是一件少了安珀所完成的事情』，這個洞就又出現了。我主要就是忍：有點像是單腳爬聖母峰，困難極了。」這段陳述讓我意識到他的身心非常健全，才能忍受如此大的痛苦。我不想降低他苦難的等級，但他的力量擔當起保護性因子角色，我覺得有必要去認可這一點。

安妮特辭掉工作，要她繼續做一件她現在覺得「沒意義」的事情太難了。她知道未來必須再找工作來支持家計，但她現在只想關注家人。她將自己深具天分的創造力，投注在他們身上：到好玩的地方、和孩子一起畫畫、煮飯，將快樂的新經歷織進回憶。這沒有讓巨大的失落感變得不刺人，但失去讓她堅決要往前看。

創傷使菲爾無法在第一個學期回校任職。他的記憶力變得不可靠，削弱他抓住孩子注意力的能力。目睹孩子們繼續成長茁壯，安珀的人生卻已被剝奪，對他來說太痛苦了。第二個學期，他能接幾堂課；隨時間過去，他恢復了完整的教課時間。

這對夫妻讓我很感興趣，想瞭解他們如何與對方相處。他們的關係帶有一種輕鬆感，我發現那其實是深刻的信任；他們深愛對方，毫無保留。他們的關係似乎並不複雜，可能會對彼此生氣，但情緒不會糾結太久，吵完架之後會和好，不會深懷怨懟。安妮特比菲爾寡言得多，但不會讓人感覺其中有不平衡；某種程度上，他是替夫妻倆說話。

我們聊到兩人喪慟的方式有多不同時，菲爾用理所當然的口吻說：「喪慟很寂寞，那是一種你離開群體、私下自己做的事。我們一起分擔家庭的喪慟，但我個人感受到的喪慟，不會跟他們感受到的同時發生，也不會跟其他人一樣。我們每個人都以不同的方式形塑而成，可能會感覺到同樣的東西，卻是在不同時間感受到不同強度。到頭來，你還是得自己處理喪慟。」我在內心對他的準確描述微笑了一下，心想要是每個人都瞭解得這麼透徹該有多好。

我會聽他們說話，幫忙釐清他們的感受，同時支援他們維持生理系統平衡的努力；創傷回憶可能會使他們迅速陷入高度警戒的狀態，彷彿置身於危險之中。我能感覺他們的痛苦有多深，菲爾說過一句話，至今仍印在我的腦海：「那是一股震耳欲聾的沈默。」這麼說雖不公平，但是看見一個男人能輕易地表達悲傷，讓我覺得分外感動。我知道他熬過痛苦的能力，最終將能助他療癒。根據我的瞭解，菲爾和安妮特兒時都受人疼愛：雖然也有發生困難的事件，像是雙方的父母都離了婚，但並未在他們心中留下陰影。成長時得到安穩且可預測的愛，為他們築下健全基礎，讓他們能承受安珀的死所帶來的灼熱傷痛。

每次面談我們都會挪時間討論碧翠絲和亨利，學校的諮商師正在處理他們的創傷。有時他們會開心嬉戲，有時悲傷會突然爆發。碧翠絲會走到安珀的房間，坐在她的床上、聞她的衣服，生氣地大吼：「我要安珀！」她想念玩伴、想念妹妹，想得不得了。她會抱著安珀的泰迪熊睡覺，緊閉雙眼，在心中看見她。有些時候，她會把頭彎向心臟，彷彿安珀住在那裡，輕聲對她說話，跟她說故事、報告新消息。她會在紙片寫出或畫下小小的回憶，丟得屋子裡到處都是；她偶爾會在安珀葬禮的悼念本上寫「哈囉」，本子現在放在客廳裡。亨利會用安珀的毯子包住他的泰迪熊，睡前和熊熊說話。

夏天即將到來，他們必須討論孩子是否會想去游泳。菲爾不想讓這件事太戲劇化，於是利用全家人一起喝茶時提起這個話題，問孩子們想不想去游泳池。碧翠絲和亨利都非常實事求是，說他們一點也不害怕、想去游泳。然而，對菲爾和安妮特就不同了：如今逃避不了「孩子可能會死」這個事實，他們沒有信心能保護孩子周全。要過很長一段時間，他們才能再次對人生有安全感。

菲爾和安妮特開始跟能夠自在相處的親密好友出去。剛開始，走出家門感覺很可怕，但他們越來越能做到。踏出家的保護圈，表示他們可能無法應付一點小差錯（例如找不到停車位），或者更重要、也更難應付的「不知情提問」。每當那些沒聽說安珀出意外的人隨口問起「你們都好嗎」，他們就很難回答。安妮特說：「我有一次去超市，遇到一個不是很熟的人，她就那樣問我。我知道她並不想聽到我必須說出的內容，只想要我回她一個微笑、一句『很好』。我討厭明知自己即將對她投下震撼彈的感覺，這個消息也確實帶來震撼，讓她很難過。」

對他們來說，陌生人最可怕的提問是：「你們有幾個小孩？」他們不會預期答案是：「原本有三個，但一個死了。」菲爾和安妮特覺得「最不糟糕」的選項很難選。他們應該否認安珀的存在，回答兩個孩子嗎？如果回答三個，卻不提到「死」字，這樣算不誠實嗎？但如果真的完全坦白，他們能應付回答後所造成的震驚餘波嗎？這類餘波令人疲憊。曾有人告訴我，當那個說「我們沒事，不用擔心」的人有多難，畢竟他們才是經歷自己孩子死亡的一方。我們同意，他們不應給自己設下規定，而要看當下的感受、在什麼情況下、誰問這個問題來決定。

有一次諮商，安妮特說：「我找到菲爾在安珀死後拍的照片。他把那些照片放在一個特別的地方，我決定要看看它們。她看起來比我印象中還死氣沈沈，死得紮紮實實……哈哈……我覺得好難受，悲傷到難以置信。我今天早上五點醒來，沒辦法再睡時，我想像她來到門邊；那個以前總會『咻』地跑過來的小身影，大力把門打開、跳到床上、爬到我們身上……我真的好想她……這星期我穿上一件好久沒穿的外套，發現口袋裡面有她撿到的人偶玩具，她一直拿在手中，我記得她把玩具送給我……」我能感同身受，那個人偶宛如留住了安珀的時光，彷彿安珀就在那件外套的口袋裡，偏偏她根本不在那裡。

某次諮商結束時，我說出心中的疑惑，問他們從我這裡得到了什麼。原來我是唯一他們不需要掩飾感受有多糟的人，可以和我一而再、再而三探索同樣的問題。此外，我自始便和他們在一起，其中意義重大，因為我見證了他們歷經這段路的轉變，至此能夠再度相信自己。

表面上，亨利已經能用一種有點生硬的方式接受妹妹的死，他說：「安珀的死不是我能控制的。」他在學校和朋友相處得十分快樂，課業也很順利，但這絕非全貌；安珀仍在他心中，他對她忠心不貳。有天，他朋友的父親說：「你們家有兩個小孩。」亨利非常憤怒，他熱淚盈眶地說：「不對！我家有三個小孩！」一家人談論安珀的生日要做什麼時，亨利的點子最多；他想要在蛋糕上插滿蠟燭，以及綁紙條在氣球上，飄向天空送給安珀。我感嘆世道實在太不公平，兩個孩子如此年幼就必須面對死亡、面對這些無法回答的問題，但他們本能地做出正確之舉來支持自己。

有天，菲爾到安珀的教父家住一宿，首次看見一張安珀坐在花園椅子上的照片。椅子還在，但人事已非，他止不住地尋找她。菲爾不知該相信什麼：他不想認為人死後一切成空，卻感覺不到她在他身邊，也感覺不到與她恆久的連結。大家一直安慰他「你永遠會有她的回憶」，但菲爾說：「我覺得那好假、沒有靈魂。你會發覺你擁有的回憶很少，以及回憶面臨的極限有多大。如果我依靠照片而非記憶，那些回憶就沒那麼飽滿了。此外，還有那些意外發生時的回憶；我必須把它們區隔開來，但不是每次都控制得住。我喜歡想著她，可是最後我都會想到同一件事：她不在了。」他感覺安珀正從指間流走。我告訴他們，積極尋找回憶會導致更難想起回憶，這就像拚命想記住一個書名或名字時的狀況；如果不再這麼努力尋找，片段自會形成一幅完整圖像，有其清晰充實的回憶。

安妮特並沒有那種一直要尋找安珀的感覺，她能毫不費力地喚起近期的回憶。她說：「我記得幫她梳頭，聞到她頭髮的氣味。我能看見安珀上完體操課，跑著衝過門口，好有活力……我好希望有錄下那一天：她在逗哥哥姊姊開心，笑話講個沒完，對自己講的笑話大笑、扮鬼臉……這個孩子說話時會用全身來表達，光看背影我就知道她在笑。」記起這些事情對她是一種療癒，讓她有所進展，可是越來越少人提起安珀的名字，她也越來越少有機會記起她。她被迫靠忙碌和努力生活來應付喪慟。

安妮特確實一直在「把日子過好」：安珀死後九個月，安妮特懷孕了。告訴我這個消息時，兩人都笑中帶淚、十分欣喜。這絕不是企圖要取代安珀；有些朋友認為如今她懷孕，「一切都變好了」，這種過分簡化的觀點讓她相當生氣。懷抱希望與為安珀悲傷，這是兩個平行並進的過程，不會相互抵消。安妮特有過三次成功的懷孕經歷，她樂觀地認為這次也會成功。這讓他們在最淒涼的日子裡，有一些可以期待的光明。

安珀過世即將滿一週年，週年標誌著時間流逝，緊張氣氛逐漸浮現。忌日越來越近，他們對此十分難受；菲爾受到的影響猶深，他開始失眠。隨著日子逼近，他的痛苦指數上升，重新經歷了那場意外的恐懼。事故發生在復活節假期，於是他們決定造訪英國，和祖父母與外祖父母各相處幾天。

孩子們也想和所有家人在一起，見見阿姨、叔叔和堂表兄弟姊妹。他們本能地知道面對失去時，愛是最好的良藥，敞開心接受愛能夠幫助他們承受喪慟。他們想去看安珀出生時種下的那棵樹，也在那裡撒了一部分她的骨灰，好感覺與她親近。菲爾在該處也覺得與安珀更親近了。諮商接近尾聲時，他閉上雙眼、頭往後仰，對著天花板說：「若我能到天堂說幾句話，我會說我愛她，問她安全嗎？快樂嗎？還有，我好思念她。」

菲爾擔心一家人談安珀談得不夠多；雖然他想多說一些安珀的事，但家裡其他人不想。他覺得身為父母，夫妻倆應該做孩子的模範，教導他們如何喪慟。他不斷在一個兩難的狀況折衝：如何活在當下，同時繼續抓住安珀和其中所有痛苦。他對她的思念永無止境，希望藉由談論安珀來讓她的精神繼續存在，也讓整個家庭有機會適應得更好。我認為他是對的。

安妮特告訴菲爾，她要錄下安珀學校的朋友聊起對她的回憶，這讓他既吃驚又感動。隔一週，他們要為繞著學校遊樂場一棵大樹的馬賽克長椅揭幕，這是由其他家長籌劃的活動，椅子鑲嵌出由亨利、碧翠絲和安珀的好朋友所描繪的圖像。菲爾深情地給安妮特一個擁抱。

幾個月後，我們發現心理治療做得夠多了。他們已經找到方法過活，同時不會遺忘安珀。對我們所有人而言，這是一個苦中帶甜的結尾：正向的是，他們不再需要我的幫助；難過的是，我們現在要說再見了。這是一段非常親密的關係，以安珀為中心點。

03 普露與羅柏

二十九歲的女兒，死於用藥過量

我收到普露傳來簡訊，說她必須見我，用字遣詞絕望焦急。收到這種訊息令人傷感，但回覆起來更困難，因為我知道自己行程滿檔、幫不上忙。我盡可能小心翼翼地向普露道歉，表示目前沒有能安排給她的空檔；她反問我是否至少可以在電話上談一談，我同意了。

如果我真心不想見普露，實在不該答應這場電話聯繫，但我主觀判斷有時我得多一點人性，聽從自己的心來做回應。假使「以通電話開啟一段關係」這種作法真的造成傷害，那也只好中止了。

電話另一頭傳來咬字清晰的英國上流社會腔調，普露話說得又快又急，每個字都傳達出尖銳的痛楚。她二十九歲的女兒艾莉希，因用藥過量陷入昏迷，住進加護病房。想到普露對女兒的處境幾乎是無力置喙，於是我同意見她，但也說在正式排出空檔之前，可能沒辦法固定進行諮商。我同時提起她丈夫，問他是否也很難過？她說是，我建議夫妻倆一起過來。

隔天晚上我加班來見他們。兩人爬樓梯上諮商室時一個字也沒說，這很不尋常，伴侶氣喘吁吁地上樓時多半會閒聊；他們還沒進來，我就已經感受到緊繃的氣氛。我先見到她的丈夫羅柏，他身材很高，容貌尊貴、臉色紅潤，金髮已轉灰且有點禿。他的歲數七十出頭，渾身散發著冷淡疏遠的氣息，跟他腳下那雙陳舊的慢跑鞋不太相稱。普露個頭小，六十多歲，紅棕色的閃亮秀髮往後綁成馬尾，整齊地穿著深藍色長褲和亮粉紅襯衫。她試著擠出笑容問候我，那對棕眸流露的恐懼令我動容。

普露開口陳述時，羅柏目光盯著地毯，表情一片空白，彷彿這個故事與他無關。他偶爾會抬起頭，但不像是要看我或做回應，感覺只是想挪挪頸子、不望著地板而已。

我得知三個禮拜前，他們在凌晨四點接到艾莉希的朋友來電，說她配酒服用了好幾種藥物，起初看來恍恍惚惚但似乎還好，可是之後就不省人事。朋友們不確定她昏迷了多久，一發現不對勁便立刻叫救護車。普露和羅柏趕去醫院，醫師說艾莉希腦血管破裂，經心肺復甦之後保住性命，但沒人知道後續會如何，得看她這幾天的病況發展。

事情從幾天延長成幾週。艾莉希持續昏迷，她的父母和弟弟皮爾斯輪班在病床旁守望。

大家視而不見地盯著醫療儀表，相信一切仍有轉機，期待醫師會帶來好消息。這是一段變幻莫測的歷程，有幾天儀表顯示出病況改善，醫師的說法令人振奮，過幾天卻急轉直下、嚴重發作。起初醫師無法預測艾莉希最後的狀況會如何，也試著採用了幾種不同的療法，卻都無法收效。

我開始瞭解為何普露和羅柏在外觀上和行為上，表現得不像是身處這個世界了：加護病房是生與死的交界地帶，正常的生活在那裡消逝。他們筋疲力盡，滿心充斥著對未來不明的恐懼，日漸無法抱持希望，而且感覺全然的無力。普露聯絡我時之所以會那麼絕望，是因為他們上次跟會診醫師討論時，獲知前景非常不樂觀，她不由得畏懼起最壞的狀況，也就是艾莉希即將死去。

我問羅柏對艾莉希的狀況有多少瞭解，這次他真正看著我，輕聲用帶著些許法國口音的腔調說：「沒什麼好瞭解的，我的女兒快死了。」他的描述猶如法醫般精準：艾莉希皮膚蒼白、看著她透過呼吸機維生所引發的迷惘、她發作時抽搐的模樣；他也提到其他時候醫師和護理師是怎麼照顧她。聽起來彷彿他心懷猜疑，觀察著醫療團隊中的每一個人，確保他們沒有出差錯。我感覺自己想要遠離那些似乎潛藏在文字底下的威脅，遠離那副眼睜睜看著寶貝女兒過世的畫面，遠離他的痛苦。我提醒自己要好好呼吸、保持鎮定。

我問普露，他們來見是我想獲得什麼？答案是「指引」，對他們來說這是一個陌生領域，普露的自信已消失殆盡。我小心翼翼地提起他們最恐懼的話題：艾莉希的生死。我承認目前沒人知道她能否撐過去，我希望她會好轉，但我會跟他們討論假使不幸真的發生，哪些事物可以給予他們支持，通盤目標是不要讓他們事後悔恨、遺憾終生。

我感覺到他們跟會診醫師建立信賴關係是一個關鍵，以「專家對專家」的方式，仔細討論與審視艾莉希的照護方式。在照顧家人、維繫信念方面，普露和羅柏是專家；會診醫師則是醫療方面的專家。放棄主動醫療、放手讓艾莉希離開，以及繼續醫療但知道會有嚴重腦部損傷及其後果，大家一起評估這兩種選擇，直到他們相信已經獲得所有資訊，足以在這種煎熬情勢下做出力有所及的最佳決斷。這個決定沒有對錯可言，無論他們怎麼選擇，都會帶來巨大的失落與不確定感。

羅柏開口，說這是為夫妻倆共同回答。「艾莉希不會想要以植物人的狀態活著。」語畢，大家陷入一片沈默。這些話讓人震驚、甚至有點冷酷，但至少它們被說出來，開始面對這艱難的現實。在放手讓艾莉希離開，以及讓她帶著嚴重的腦部損傷活下來之間，他們現在知道自己做了哪種選擇；更重要的是，他們有達成共識。我建議納入她弟弟皮爾斯一起做決定，他們點頭同意。

我還有許多想討論的實務面向，但普露和羅柏看來已心力交瘁，不適合現在探問更多資訊。一時間沒人說話，我看得出來他們正在咀嚼自己剛才同意了什麼，我承認那確實讓人很煎熬、很震撼。我提議做一段呼吸練習來協助他們，普露點頭，羅柏則動也不動。當普露吸氣時，我感受到淚水穿過她的全身、即將噴發；她試圖抑制住情緒，我輕聲建議她讓它們自然流洩。她渾身顫抖，本能發出的淒楚號哭在諮商室裡迴盪，揭露出他們來到此地時隱藏的莫大痛楚。羅柏握住她的手，眼底也有淚水打轉。我坐著陪伴他們，感覺平靜了點。

我們同意他們要繼續諮商，但沒有訂下確切時間，因為還不曉得之後會怎麼發展。我預期幾天之後會收到他們傳來的消息，也發現自己一直在想艾莉希究竟是生是死。但對方音訊全無，三週後普露才發給我簡訊，通知我艾莉希已經過世，沒講什麼時候死的。我回訊表示自己很遺憾，也願意支持他們，但她沒回覆。接下來的九個月，她完全沒有聯絡我，讓我想像出許多他們沒有回來諮商的原因：我能力不足、羅柏排斥諮商，或者如我的督導所說，事情未必與我有關，更可能是他們已經在喪慟，而無論理由為何，總之我沒有被納入那段過程。

當我不再想起他們時，普露倒是打電話給我了。她說他們調適得不好，想要盡快見我。兩人過來時我嚇了一跳，他們體重銳減的程度相當可怕。羅柏變得瘦削憔悴，悲傷使他整個人縮小一圈；他駝著背坐進椅子，幾乎不講話。普露把事發後的幾個月，形容成「一個難以忍受、艱困重重的戰場」。她表示這個冬季特別難捱，顫抖著說：「我的心裡真的很不舒服。我只是在呼吸，沒有真正活著，連一步一步向前走都做不到。我們幾乎邁不出家門，有時我覺得要多撐過一個小時都很難受。」

我得知他們面對女兒的死有多難熬。「我們被告知艾莉希的腦部掃描顯示已經沒有活動跡象，接著跟一群醫師坐在小房間裡討論，決定要拔掉她的呼吸管。我們甚至也決定了要不要捐贈她的器官，儘管完全不知道她的看法；我們也不曉得她會想要土葬或火葬。這一切真是一場夢魘。」準備葬禮讓人難受無比，等待驗屍更是焦心。

普露越是描述，我越覺得她還有許多話語與情感需要表達，一小時的諮商安排根本不夠；相對來說，羅柏則一個字也不說，看起來像是一具空皮囊，彷彿他的內在已是一片荒蕪。直到普露說起女兒的全盤故事，我才瞭解原因。這是一段非常複雜的喪慟，累積了多年的失去，從艾莉希過世的十三年前便開始了。

普露回憶自己是何時初次察覺到女兒不對勁。「那時我們剛帶一隻小狗回家。我記得我看著艾莉希往後靠，注意到她的手臂好細，覺得她太瘦了，心想她是不是有厭食症？沒多久，她就瘦得非常厲害，而且越演越烈。」幾次諮商之後，我瞭解到艾莉希的狀況有多失控。高中會考（A-levels）讓她備感壓力，體型越來越瘦，並抽起臭鼬大麻，後來更開始服用其他藥物。

普露說：「我建議她延後上大學，去義大利放鬆一下，但她不想讓自己有空檔年。她很有衝勁、很有自信，急著邁入下一個階段。大學第一年她過得還不錯，雖然難免有點狀況；我去見她時，她趕我回家。她喝酒、抽大麻，對音樂瘋狂著迷。問題出在第二年，祖父過世導致她失去穩定，從此一切轉壞。」

普露告訴我，隨著艾莉希的精神疾病日益惡化，他們這六年過得充滿折磨。「她回家然後又溜走，精神不穩定的時候，她會藏起藥不吃。她剖腹產兩次，屢屢進出診所甚至警局。情況沈淪到讓人毛骨悚然，我們不曉得該怎麼辦，醫師也不能告知我們詳情，因為她是『成年人』，這讓我們更氣憤。她的行為一點也不像成年人，我們有能力照顧她，卻無法得知她的病況，或是怎麼做才能幫上她。我們是她的家人，比任何人都更關心她的福祉，卻被排拒在外、甚至視為負面因子，這加劇了我們的無力感。她交了一個當藥頭的爛男友。我們陷入全然絕望，如今回想起來，我們知道的實在太少，也不明白臭鼬大麻可能引發精神疾病。她邊吃迷幻藥邊聽音樂，個性變得很暴躁、對每個人發火，尤其氣我們，最後跟大家斷絕往來。沒有人放棄她，但她切斷了一切關係：朋友們、堂親和表親、弟弟、我和羅柏。」

思考剛才普露描述的狀況有多嚴重時，我不禁咬緊牙關。「折磨」這個形容方式很合適：要父母看著愛女從使用軟性藥物，淪落至罹患精神疾病，進而與家人斷絕關係，這確實是令人難以想像的折磨。我也暗自氣惱大眾對臭鼬大麻和新興毒品Spice（一種人工合成的大麻，毒性更強烈）過於輕忽，它們都會使服用者像艾莉希這樣患病。

我得注意別讓自己也陷入哀戚，並開始以療癒的方式回應。我意識到有兩種喪慟同時存在。其一，是艾莉希仍在世時，他們便面臨了殘酷又心碎的失去，包括：她的飲食失調、藥物成癮、精神疾病，以及隨之而來的斷絕往來。對他們來說，這是「活著的失去」。其二，則是遭逢艾莉希死法悽慘的現實，這不只加劇悲傷，也代表從此毫無指望補救，兩者都使他們承受的痛苦更加惡化。

我從他們的眼底看到絕望，兩人都表示真希望自己多知道一點，感覺他們好像已經在心底走過這條累人又充滿痛苦的路途數千遍。他們已經想過，是不是有哪個轉捩點、哪項決定，可以引領到不一樣的結果，卻找不到答案，這讓我聯想到一片泥濘沼澤。我向他們表示，我同意這個狀況異常複雜。一方面，我承認他們身為父母，自然會感覺對女兒有責任，相信自己應該有權知道一切，也能對任何問題給出答案。但另一方面，他們也承認女兒是獨立個體、已經成年，有她獨一無二的性格，因為受到環境與噩事的影響而不幸身亡。

諮商過程中，他們不斷提起兒子皮爾斯；他們一直想保護兒子不被艾莉希最糟糕的行為危害，但也明白他終究會受影響。他們對兒子的愛有獲得呼應，皮爾斯是他們的希望之光。他們自覺辜負了艾莉希，沒有擔起好父母的責任，如今很感謝皮爾斯願意讓他們傾注愛意。「他是個好孩子，為我帶來喜樂，感謝上天垂憐讓我擁有他。」皮爾斯定期聯絡父母，完全沒有行差踏錯，不只順利從大學畢業、找到好工作，還有一段快樂親密的戀情。

我不禁好奇起艾莉希幼年和少女時期的模樣。普露迅速回答，語調輕快光明，滿是對女兒的驕傲與愛，看得出來即使斷絕關係數年，艾莉希仍活在普露心中。「她是一個討人喜愛的小孩，長得漂亮、一向快樂、愛搗蛋，我的孩子全都很調皮。她的運動神經不錯，擅長畫畫，真的很可愛。她也有冒險精神，我還記得她兩歲時跑進蘇格蘭冰冷的海裡，一點都不怕。她喜歡嘗試新事物，有時大膽魯莽……她有很多朋友。」

但普露眼底的光彩迅速黯淡，悲傷再度回返。「當初我應該剖腹產才對，沒人能阻止我相信那是艾莉希發生這些問題的源頭。她長得太大，體重有四千五百克。她出生時就受到損傷，醫師又拉、又扯、又用吸引器，讓她面臨很大的痛苦，這對她一點好處也沒有。」

我回想著自己聽過許多母親提到類似的說法，以及實際上很少聽說生產過程對孩子的日後發展造成影響。這時羅柏抬起頭，顯然不同意妻子下的結論。他開口補充，眼神彷彿積累著幾十年的悲傷。「我們知道且愛著的那個艾莉希，在她被藥物控制之後就死了。這件事讓我們支離破碎，但我始終期待她能克服過來；這最後的一線希望，因她的死而徹底破滅。」

我尋思眼前這段交替的發言，是不是反映出他們的關係：普露樂觀正面，羅柏理性務實。他們首度在諮商時對望一眼，我看見其中帶著暖意，瞭解到兩人的關係依然完好健全，儘管女兒的死帶來強烈衝擊，讓他們「支離破碎」，彷彿彼此之間幾無連結。

普露答覆了我的問題。「我們輪流承擔。過去我是那顆總能重新彈起來的橡皮球，但這件事永遠改變了我。羅柏是我的避風港，我也是他的。」羅柏隨即補充。「我有一陣子失去了普露，現在有些日子還是如此。我不太會說話，自幼被教導要抑制情緒，不過我和普露之間沒問題。」我從經驗得知，丈夫非常恐懼「失去妻子」這種事，常會試圖以親密接觸來維繫連結，但妻子未必想要。我猜羅柏一定也有這種感覺，只是目前還不適合提出；我記下這一點，打算之後再談。

首先我需要瞭解羅柏的生平。我聽說他的母親是法國人，他小時候也住在法國，但英國籍的父親在他六歲時便送他去寄宿學校。當時那是正常之舉，如今則是光想像這種作法都覺得殘忍，這表示小羅柏勢必要封閉情感，才不會感受到被人拋棄的痛苦。他選擇情感豐沛的普露做妻子，宛如他希望她能點燃他的熱情，燒毀他多年來築起的高牆。這在他們熱戀期間很有效，也延續到養育兒女的階段。面對艾莉希病況乍現的頭幾年，他的處理模式是更努力工作，不過他一直很支持家庭；而在危機重重的那幾年，他則剛強不屈，顯然是默默忍受著莫大痛苦。這並不是羅柏的全貌，尤其他的行動展現出對家人的愛與奉獻，例如當艾莉希的狀況惡化時，他一夜之間便決定退休，將「待在家裡」視作當下的新責任。

幾個禮拜之後，談論他們之間關係的契機再度出現。兩人帶著怒氣走進諮商室，坐下之後分別刻意不面向對方，讓我好奇他們發生了什麼事。向來較主動開口的普露對我說：「羅柏很暴躁，老是對我嚷嚷。每件事情無論大小都是我的錯，像是狗兒不聽話、冰箱一團亂、車子沒加油。我不太擅長吵架，但我得吼回去，不然他會數落個沒完。」

我要普露直接告訴羅柏，並建議她用「當你……我覺得……我比較喜歡你……」的句型來說。普露拒絕我，羅柏則是嗤哼一聲，天底下沒有哪件事會比我這種介入式諮商，更能讓他們聯手反抗我了。我承認自己完全沒幫上忙，他們一致露出笑容，有點享受我變成討厭鬼這種情況。

我換了個做法，大膽質問羅柏是怎麼回事。過去因為他表現出「我不說話，別問我」的肢體語言，我一直避免盤問他，但他現在開放多了。他回答：「她一直問我同樣的問題：是真的嗎？艾莉希去哪了？我們哪裡做錯了？我沒有答案。一旦說過這爛透了之後，就沒什麼值得多說的。她老是希望我談這些事，我做不到。我沒辦法一併處理她的痛苦和我自己的痛苦。」

普露回應時帶著哽咽，也沒那麼生氣了。「我一直認為這是一個可怕的錯誤……一場殘忍又扭曲的死亡……我在試著整理心情。」聽見兩人心底各自有什麼感覺，有助於他們認識到這就是喪慟——不是哪種可以被貼上「喪慟」標籤的情緒，而是深重的罪惡感、無法回答的疑問、狂怒、疏離和孤寂等等，其上則常常蓋著一層厚厚的悲傷。悲傷是一種可以連結他們的媒介，甚至因而彼此慰藉。

話題來到生命中的各種階段。他們不時收到朋友邀請，歡迎他們出席孩子的婚禮。但他們拒絕了大多數，不只是畏懼與人社交，也因為看著幸福又快樂的新娘走上紅毯是一副太鮮明的畫面，提醒著他們永遠沒機會有這種體驗。此外，他們也發現人們常常幫不上忙，兩人對此反應激烈，由普露代表發言。「我們得小心翼翼，找對人談這件事。大家都很怕聽到惹人心煩的事，而她年紀輕輕就死了，死得悲慘又讓人難過。我哭或不哭他們都擔心，又或者他們希望我哭，於是問我她是怎麼死的，我只能說我不想談。有個男人叫我振作一點，意思是要我收斂情緒；我直直瞪著他，彷彿他說了什麼瘋言瘋語。我沒回應他，我想不出能怎麼說；我氣壞了，絕對不會原諒他。」她用磨蹭拳頭來表示生氣。

但普露有個很要好的朋友索妮亞，對方的女兒即將出嫁，這次他們接受了邀請。自從艾莉希生病開始，索妮亞每週跟普露見面一次，地點約在「一家很沈悶的差勁咖啡館」；在她死後這個慣例繼續維持。有時她們會聊到生活中面臨的艱辛，有時則只是閒話家常，一聊就是兩小時。所謂的好朋友正是這樣：穩定、體貼、有同理心。

參加索妮亞女兒的婚禮時，普露的感覺跟之前不同。「像這樣的好事發生時，我比平常更歡欣鼓舞。我是索妮亞女兒的教母，我愛她和她的母親。但當我看著她，我心裡想的是：人生艱辛重重，我祈願妳有力量面對這一切。」她邊說邊拿出艾莉希還是小寶寶時的照片，回憶起那些日子的天真無邪和充滿希望，如今已消散破碎。

我意識到艾莉希的死，也代表著她無法再傷害自己或是她的父母。我想問他們對這件事的想法，但始終按捺住行動，因為普露曾提到，「有人跟我說，她是生病過世，所以到此結束」，彷彿那樣就真的會劃下句點、從此寬心。我知道那不是慰藉，但也好奇這是不是類似於父母面對孩子從痛苦的疾病中解脫時的心情？即使他們不希望子女過世，但也從中獲得某種寬慰，因為孩子終於不再受苦了。我必須繼續等待，直到我找出對的說法，在合適的時機提出來。

羅柏漸漸越來越願意回答我的提問。「某種意義上，幾年前我們就失去她了，因為她拒絕見我們。我們努力嘗試，例如寫信、寄錢給她、直接上門，能做的都做了。有次我們在街上見到她，大聲喚她『寶貝妳好』，她卻摀著臉走掉，不願看到我們。她甚至把名字改成蒂娜。被這樣拒絕很痛苦，但年復一年如此，我們開始承認她不可能好轉，這種痛楚會永遠存在，我們每天都在哀悼。這感覺起來很殘忍，雖然不是她的本意，但瞧瞧她對普露、對我們倆做出什麼事，就是那麼殘忍。這不是一場乾淨俐落的死亡，那種悲傷不帶牽掛，你可以撐過去。這種悲傷不一樣……你沒辦法讓自己消失在洞裡。」

我因而再次認識到他們的傷痛有多複雜。我或許想要從中找出正面意義，但我們真正的目標，是要承認這是雙重的喪慟，並且相信他們能找出辦法重建人生。

他們面臨的危機似乎開始趨緩。過來跟我對談是一段累人又漫長的歷程，儘管他們珍視這些諮商，但現在不需要每週都來了。他們已經鬆開糾葛得最厲害的結，不想一再重溫同樣的細節；他們仍想繼續諮商，不過改成每月一次。我開始看出兩人都體現出一股堅定果敢的意志，這似乎是他們那個世代的特徵。他們無疑仍承受著嚴重心傷，感覺自己被劃分成「事發前」和「事發後」。羅柏反覆提起某位家庭醫師對他說的話：「你沒辦法放下它，只能去習慣它。」他們都是由不重視情感、甚至不關心孩子是否快樂的父母養大，這種作法顯然太冷酷，尤其考慮到羅柏幼年便被送去寄宿學校的經歷。但我也尋思這是否使得他們心志上堅忍不拔，藉此自我支持。從小就培養出這種力量，或許代表他們能夠帶著悲傷走下去。

之後的幾個月，我看到更多佐證。有兩件事讓他們都露出笑容。普露說：「無論艾莉希怎麼想，她終究還是回家了。我帶著她的骨灰回來，我們剛在花園裡立了一塊石碑，她現在回來跟我們一起住，永永遠遠。所以我們絕對不會搬家。」我看到他們自豪的神情，還有一股對艾莉希新生起的驕傲。我心想，或許我們未來的諮商目標，會是找到一個方法將艾莉希生病前的模樣內化成形；又或者這種說法過於簡化，可能會是這個早期版本的艾莉希，將與後來自我傷害的她並肩而坐。

另一件他們能笑著談起的事情，是普露最近變得虔誠。「我找到信仰了。」她笑嘻嘻地說，這是我第一次看到她笑得如此開懷。看到這麼大的笑容跟宗教連結在一起，也讓我覺得有點怪，彷彿她認為自己在調皮搗蛋。我很快就明白理由了，因為羅柏引用馬克思的名言發表高見，說她在抽「精神鴉片」。普露透過跟一位退休的天主教牧師討論，獲得很大的慰藉；我們初次見面時那對盈滿痛楚的棕眸，現在神采奕奕。她從小是信奉英國國教，所以受到天主教吸引確實有其調皮之處，但真正幫上她的是：「我更相信主了。我相信人生在世要好好過活，最後終將回歸自然，我們只是滄海中的一粟。信仰帶給我最大的慰藉，是讓我相信這一切比我們個人宏大得多，而我喜歡當一個沒有意義的小人物。」羅柏聽完露出挖苦的笑容，但其中也帶著鼓勵，他們之間的連結現在變得更強了。

越來越多良好的跡象開始出現。「最近，我早上開始能考慮別的事情，艾莉希不再佔滿我的思緒，而是藏在幕後。我可以想著皮爾斯，不帶愧疚地為他開心。他要結婚了，對象是一個很貼心的女孩。當家裡的獨子不容易，我們真的很高興他成家。」羅柏也點頭附和，他雖然沈默如昔，但不再是冷漠封閉，我感覺得出他在心底溫和地笑。

他們這段話，讓我再度瞭解到當父母有多困難：我們自然會形塑與影響孩子的發展，也終生希望能夠阻止他們被自身缺陷所害，或是想為他們擋開世間的變幻無常。可是一旦孩子長大成人，我們就會明白自己能夠掌握與控制的事情實在太少。父母接下來要面對的課題，將是找到方式來原諒自己犯下的錯誤，承認自己無能為力，卻仍然能抱持希望、繼續去愛孩子。在我看來，儘管普露和羅柏沒有說出口，他們似乎已經開始意識到這個兩難情境，但依舊放膽去愛。

我能預期他們遲早不用過來諮商了。這不代表喪慟結束，這種類型的喪慟永遠不會結束，只是生命中還有夠多事情值得他們活下去——一部分來自夫妻間的情誼，也包括他們對皮爾斯的愛、對兒子未來的期待，還有他們與生俱來、力求生存的決心。儘管痛苦不時來襲，縱使面臨艾莉希生與死帶來的打擊，他們仍然會努力過活。

悲傷練習

我與這些夫妻的合作，是在他們人生最痛苦的時期，打開一扇進入他們世界的小窗。幾乎沒有什麼事會比孩子死去更創傷，那撕毀了生命的規則手冊：我們從不會預期必須親手埋葬自己的孩子，他們才應該是安葬我們的人。這些夫妻的世界被粉碎了，失去方向；他們覺得自己彷彿被丟進一個可怕困惑的異世界，手邊沒有地圖或指南針。孩子的死留下一個深不可測的大洞，在人們承受的所有失去中，這需要花最長的時間才能重建人生。

喪慟兒女死亡的家庭，是在喪慟一個位居他們核心的對象，亡者涵蓋在他們的存在裡，有時甚至會賦予人生目的與身分認同。他們為亡者消失於自己的日常生活中而喪慟，也為那個假定終將實現的未來喪慟。他們被迫重塑當下的人生和對未來的概念，以適應「沒有孩子」的新狀態。

書中所講述的夫妻，都非常重視兩人的關係，願意進行能夠幫助他們通過苦難的必要心理工作。在孩子死後，若覺得需要見心理治療師，我鼓勵夫妻一起來；這樣的失去會撼動關係與家庭系統的核心，若父母沒有一同參與諮商，很難從這樣的失去中復原。正如許多父母說，孩子死亡「讓你成為一個沒人想加入的同好會成員」，讓許多家庭感覺成了局外人。此外，許多人會覺得自己好像是被挑出來遭遇不幸，才會有這麼可怕的事情發生在他們身上。以前孩子的死亡率高，如此噩耗雖仍令人悲痛，但較大的死亡數字會提供某種安慰。其中一個可能有助於復原的重要步驟，就是與其他有相同經驗的人會面，形成一個支持團體。

大家通常不會發現祖父母也有巨大的喪慟。但他們不僅為孫子女的死喪慟，也親眼目睹傷痛欲絕的孩子受苦，卻無力改變事實。祖父母若與喪子的孩屬關係夠好，便能在孫子女死亡後，扮演凝聚家庭的關鍵角色。然而，若雙方關係不好，就有可能使喪慟惡化。

喪子的父母面臨的風險

孩子死後，父母罹患精神疾病和慢性健康狀況的風險會增加，尤其是第一年，喪子的父母比沒有失去孩子的家長，多增加百分之七十首次因精神疾病而留院的機率。我必須再度強調，處理這種程度的失去時，求助是很重要的。沒有好好面對喪慟的父母，第一年似乎和其他喪子的父母沒有什麼不同，但在接下來數年、甚至數十年後，他們可能會在社交、情感和生理方面，比其他喪子的父母受更多苦。

男女面對喪子的差異

母親滿腦子都想著孩子的失去，持續時間通常比男性久。她們焦慮的程度更高，會產生闖入型意念（intrusive thought），睡眠也遭到干擾。研究顯示，男性通常不願談論孩子的死亡，避免尋求專業協助；這可能是因為他們覺得必須為了妻子堅強起來，或是受到社會規約影響。

這並不表示男性感覺到的痛苦比女性少，只是他們本能上以不同的方式管理痛苦。其中一個無意間造成的後果是，男性從身旁的人得到的關懷與注意，不如女性來得多。由於他們「看起來」應付得很好，人們便假定確實沒問題。造成男性經常感覺自己身為父親的喪慟遭人漠視。

夫妻關係的相關研究

夫妻若能找到方法彼此溝通，便能透過失去變得更親密，他們是世上唯一真正知道他們的孩子死亡會是什麼感覺的兩人。然而研究顯示，關係原本就有困難、且未尋求協助的夫妻，孩子死後更有可能分開。

復原的關鍵要素之一，是鼓勵所有層面的社會支持；危機時刻仍然保持親密與連結的摯友，對喪子的夫妻來說十分重要。隨著時間過去，朋友們可以幫助家庭重新進入生命之流；雖然他們的生活改變了，但那種身為「局外人」的感覺會比較沒那麼強烈。

揮之不去的愧疚

喪子的父母會有非常深的愧疚感。比起其他類型的喪親，他們傾向認為自己對孩子的死有責任，無論死因為何；若是意外驟死，這種愧疚感會更深。家屬通常會在腦中反覆思索死亡時的情勢，希望回到過去，做出可能帶出不同結局的決定。

對這些夫妻說「這不是你們的錯」沒有用，那就好像告訴某人「不要擔心」一樣枉然，這是一個他們無法實現的心願。我們必須仔仔細細地檢視這種罪惡感，將它攤在陽光底下，唯有如此才能消除愧疚的強度。這個過程通常有助於澄清兩種默默交戰的聲音，以確認他們內心裡的話和真正事發狀況之間的落差。邏輯上，他們或許知道死因是意外或自然因素，但內心的聲音卻說，這百分之百是他們的錯。混亂和未說出口的衝突，常是難以承受之壓力的中心，但當衝突變得清晰時，部分的壓力就會消散。

錯誤的假定

那些很幸運、沒經歷過寶寶或孩子死亡的人，通常會盡量軟化他人的失去造成的衝擊。大部分人會往好處想，因此做出錯誤的假定，認為小嬰兒的死帶來的痛苦，會比其他年齡孩子的死來得少，因為父母還不認識寶寶。失去孩子的痛苦不能以年齡來衡量，端看父母對他們投入了多少愛與希望。

另一個人們會尋求的正面想法是，擁有別的孩子將能減輕喪子所造成的痛苦。研究確實顯示，擁有其他孩子有所幫助；為了活著的孩子逼自己努力撐下去，能讓父母的人生有目的。然而，這種過度簡化的觀點絕不能恣意延伸。喪子的父母對死去的孩子的哀痛，有時可能會超越對活著的孩子的愛。

希望

希望是扭轉生命的煉金術，是讓菲爾和安妮特這樣的人重建對生命的信任不可或缺的要素。然而，死亡對家庭造成全面性的影響，不僅要看死亡之前和當下發生的一切，還要看最終的後果，這表示希望也必須搭配上一點好運。我曾與其他夫妻合作，他們後續又經歷艱難的事件，像是被解僱、無法懷孕或另一位家庭成員死亡。在孩子死亡之餘又添上其他心理重創，可能使人陷入絕望。

調適

調適（accommodation）是心理治療的術語，用來描述巨大的失去及其影響，以及我們應該如何改變內在，為這個新現實騰出空間。以下的圖像非常能夠代表這點。象徵失去的空間或洞是黑色的，一開始深不見底、完全佔滿。但隨著時間過去（有時會是很長一段時間），喪親者漸漸重建人生；洞沒有縮小，但他們的生命會擴張，將洞包攏起來。

創傷後的成長

美國和英國的研究顯示，在創傷事件發生之後，有可能達成正向改變與心理成長。這並沒有降低事件造成的創傷程度，或者暗示創傷是一件好事。對某些人而言，熬過改變人生的大事有可能出現意料之外的結果。他們覺得自己韌性更強，好像有所成長，面臨困境也更能感受到健全的身心，有點類似：「如果我能熬過那個，我就能熬過任何事。」

對於生命中真正重要的事物，他們的看法也會改變：比起金錢和地位，大部分人將更看重關係與生命的意義，他們的關係因此深化，變得更令人滿意，也會覺得自己更有智慧、更具同情心。經歷過這麼多苦難之後，他們包容與體諒的能力增加，有些人還會經歷性靈或宗教上的成長。

我在一些個案上看見這些成長，這當然是相當激勵人心，也再次證明一件屢屢讓我驚奇的事：身為人類的我們，具有十分卓越的適應能力；那些最能適應事態的，最終將會茁壯。

與孩子死亡相關的數據

如果我們是統計數字下幸運的那群人，數字的意義並不大；唯有當我們落入不幸，數字才顯得重要。有時數字能讓我們知道自己的運氣有多差，有時則數字讓我們明白自己不是唯一受命運折磨的人，雖然當下可能會被這種心情佔據。

過去十年來，每年嬰兒和孩童死亡的數字都十分穩定。

- 統計顯示，每四次懷孕中，就有一次會流產。
- 每年約有三千五百件死產的案例。
- 每年平均約有五千名新生兒和嬰兒死亡。
- 在英格蘭和威爾斯，每年有七千名孩童死亡，也就是每十萬名孩童就有十名死亡。
- 孩童死亡最高的風險期，為出生前不久和新生兒階段。三分之二的嬰兒死亡案例發生在新生兒時期，也就是出生後二十八天內。出生一年後，死亡數字便大幅降低，只有在十四歲到二十一歲之間，才會因意外死亡而再度升高。

第 5 篇

如果我即將離開

當我還活著，別讓我死去

——希伯來禱文

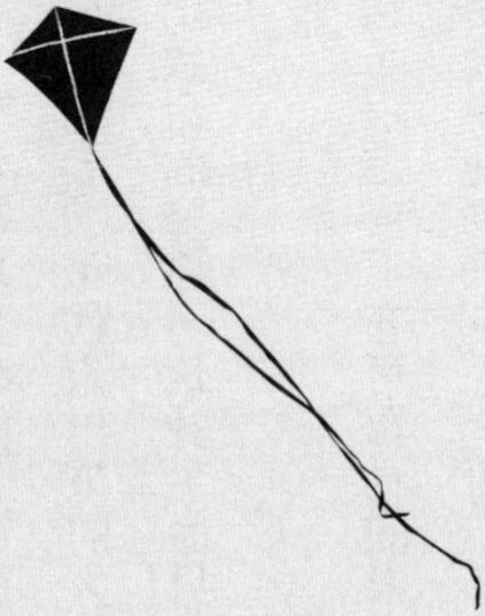

01 琴恩

四十八歲時被診斷出致命的肺癌，估計再活六個月到一年

琴恩四十八歲，身材瘦小。她穿著色彩繽紛的民族風上衣，鬆垮垮地垂過嬉皮風的絲綢喇叭褲，一條頭巾充當髮圈包住她紅色的波浪長髮，彷彿是從一九七〇年代走出來的人物。她散發出平靜的氛圍，與她可怕的故事相左。她最近被診斷出致命的肺癌，估計生命只餘六個月到一年。

喪慟從診斷後便開始，因為我們再也不能像大部分人那樣，假定自己在可預見的未來中繼續活下去。它粉碎了我們由無知帶來的喜樂：以為死亡只會發生在別人身上，而不會發生在自己身上。

琴恩面對著雙重喪慟，她弟弟五年前死於一場車禍。她告訴我這件事時，我想像她母親會有多悲痛，必須應付兩個孩子的死。琴恩結婚了，有一個十七歲的兒子詹姆斯。她和丈夫

賽門的關係連結不深，但還算處得來，他們是因為喜愛音樂而在一起。她知道他人很好、聰明絕頂，但感情十分冷淡，她很擔心在她死後，他可能無法滿足詹姆斯所有的需求。

她想和我聊聊她的病、即將到來的死亡，以及這對詹姆斯有什麼意涵。她的家人都不願意聽她說，每當她提起這個話題，他們就會避開，改談未來：「妳的療程進行得怎麼樣？」「現代醫學不是很厲害嗎？」他們拒絕討論她的擔憂。她的死亡對我而言十分真實。我只比琴恩大五歲，十分震驚坐在對面這位和我同輩的女子可能會在六個月內過世。在死亡面前，我感覺非常脆弱。

琴恩講了很多關於弟弟喪生的事，常常邊說他的故事邊哭。那個星期天晚上突如其來的一通電話、沒看到遺體的遺憾（警方不建議她看）——一切聚積成一股震撼，在她體內久久不散。

但面對自己的死亡，琴恩超乎常人地冷靜。我覺得十分訝異，因為我想像自己換作是她，感受絕對不像她這樣。可是她的平靜很真實，並不造作。我還沒完全弄懂她怎能對自己的死這般坦蕩，曾經小心翼翼問過一次，但是她轉換話題，顯然不願談論。我有注意到這點，猜測這個話題會再回來。

讓琴恩更難過的，是要離開兒子詹姆斯。這是她關心的重點，因此我也如此看待。她很懊悔自己在生理上還健康時，她照顧詹姆斯的母性沒有充分「覺醒」。現在她滿腦著只想著：她不在了，誰來照顧他？

她從不說「死」這個字，我也沒有。這讓我鬆了口氣，因為我發現要當著她的面說出那個字非常困難，可能是我接收到她投射出來的感受。這讓我稍微明白，其他人和她討論死亡時必定也很困難；如果我覺得很難，他們一定覺得更難。琴恩會用「不在這裡」或「當我走了」這樣的說法。我盡可能讓回應貼近她說的話，不想用我自己的文字或想法打亂她柔弱易碎的本質。

我非常不認同醫護人員和心理治療師在病人處於否認狀態時，還堅持逼迫他們面對現實。我認為，我們的職責不是穿著釘鞋踐踏某人的意識、踩破他們重要的防衛機制，好像非常肯定什麼對他們才是最好的。這種手法非常有可能使她疏離、拒絕回來諮商，或者戒備到任何心理治療都無法成功的地步。

琴恩尚未放棄生命，她絕對想盡可能活久一點，甚至參加癌症新療法的試驗。就我的瞭解，她之所以接受自己的死亡，是因為她將情感投注在她所愛的人、即將被她留在身後的人身上。這位母親的無私持續令我吃驚。

我們最痛苦的其中一次討論，是關於該如何告知詹姆斯這項致命診斷。告訴他母親再也不會好起來，感覺比得知這項致命的診斷還難。她自然不希望他知道，尤其是在他發現青春期頗不好過之時。他正受到青春期荷爾蒙的擺佈，惱火她買錯他的運動鞋品牌，也痛恨寫作業。他常常莫名其妙發脾氣，她無法完全理解原因。琴恩猜測，他在氣她身體一直不好，不是他會想選擇的那種母親。她告訴我：「他想要一個能做事的健康媽媽。」過去幾年來，她經歷數週劇烈的化學療程，接著是數個月的緩解，最後得到致命的診斷。這表示她常常身體欠安，雖然她試著在詹姆斯上課的時段休息，好在他回家後能夠陪他。

我告訴她，根據我綜觀整件事的觀點，她是他的媽媽、最懂他，因此我給她的任何資訊，她都要用身為母親的視角再過濾一遍。我也告訴她，研究顯示如果孩子被告知與大人相同的真相，他們比較能適應。父母認為是保護，但孩子會覺得是排擠；死亡發生過後，他們可能會很生氣，因為大家都知道，只有他們不知道。我十分擔心如果詹姆斯未被告知，並且持續對她生氣、給她難關，他日後會出現很多的遺憾，也會因為大家沒有給他機會，讓他能在為時已晚之前展現自己的愛或說再見，導致情緒暴怒。

我告訴琴恩時，她沒有哭，只在小筆記本寫下，就和每次面談一樣。她點點頭，吞了吞口水，我看得出她受到很大的情緒衝擊，但她接受了我所說的，決心在那個週末告訴他。看著她沈靜地表現尊嚴，我感覺自己眼裡噙著淚水。

琴恩與丈夫告訴詹姆斯後，他大哭大吼，不願真相是如此。他難以置信，因為他的經驗向來是母親生病之後又會好起來。他也想要更多資訊，例如她還能活多久。他們說出當時所知的真相：沒有辦法治癒，現在服用的藥物只能緩解痛苦，不能讓她好起來；她不知道何時會死，他們希望至少還有一年或更多。他更常擁抱她了，這是他很久以來沒有出現的舉動。他整個週末都相當震撼，時而憤怒、時而悲傷，躲在電腦螢幕後面，不想面對這個新消息。

琴恩說，她注意到詹姆斯最近比較常親近爸爸，幾乎像本能的生存機制：靠近生命、遠離死亡。這其實十分常見，但我很猶豫要不要告訴她；這或許能幫她理解詹姆斯的行為，也可能加重她原本的痛苦。最後我選擇誠實，不確定這有沒有減輕她的傷痛；事後回想，我覺得沒有任何事能夠做到這點。她就要死了，離開深愛的兒子，她全身上下肯定都很痛苦。

隨著每一週過去，琴恩的健康每況愈下。看她病得這麼重，讓我非常難受，也向她承認我看得出來呼吸或爬樓梯對她必定變得更困難。她輕描淡寫地回應，絲毫不帶自我悲憫。我為之動容，但同時也覺得十分緊張——與她的死亡如此接近，再度讓我觸摸到自己的死亡。琴恩顯然備受喜愛、交友廣闊。「朋友常來看我。我很感動，但這也很累人。」我們想出一個策略，讓她可以婉拒某些訪客，又不會顯得無禮，希望能保住她極其珍貴的剩餘時光。她設定電子信箱傳送「不在辦公室」的訊息，不必查看信件的輕鬆感，使我們兩個都很吃驚。禮貌對她很重要。

她真正見面的每一個人都知道她快死了，但沒有人提起這件事，或問她心中在想什麼，彷彿談論她的死亡某種程度上會加速死亡到來。她並不這麼想，仍希望談一些實際的事宜，可是「他們似乎過不去那堵否認的磚牆」，讓她非常受挫。我們討論要怎麼做才能扭轉這點，最後同意她應該安排幾頓晚餐，和還活著的一個手足、詹姆斯的教父母以及丈夫一起吃飯。琴恩覺得讓母親參與太難受了，因為她已年近八十，非常痛心第二個孩子即將死亡。

在那幾頓晚餐中，琴恩一反平時安靜的天性，事先列出想要討論的問題。她之前已在筆記本寫下自己的擔憂，如今一一條列出來：誰要幫詹姆斯處理學校制服的事情、誰會帶他去度假、誰要幫他決定高中時選修哪些科目、他應該上哪間大學、應該交怎樣的女朋友……等等。她要寫下每年的生日卡片，直到他二十一歲生日，並想確保卡片會被送到他手中。她非常討厭想到詹姆斯一個人孤零零的，只有他慈愛卻孤僻的父親幾週見他一次。幾頓晚餐過後，他們擬好計畫、達成共識，每個人都知道自己負責的部分。琴恩覺得放心許多，她已盡力用唯一做得到的方式，照顧好詹姆斯的未來；她無法控制自己的死亡，但是她可以為兒子的未來發揮一點影響。

我提出建議，或許他能以某種方式在身體上與她連結，例如在她手上抹乳液或給她端一杯茶，藉此創造一些他對媽媽好、照顧媽媽的回憶。她告訴我，他會在她臥床時來到房裡，躺在她身旁畫畫，聽起來很完美。我知道他對她的每一份回憶，將隨著時間越來越珍貴；當他開始擔心自己會遺忘她的時候，那些圖畫將直接把他帶到兩人相處的回憶。合照也很有用，我建議她拍很多全家福照片，以及只有她與詹姆斯的合照。

我們的最後一次面談是透過電話，琴恩前一個星期住院並進行手術。她現在已經回家了，但被告知「看樣子妳比較可能只剩幾天或幾星期的壽命，而非幾個月」。我感覺自己的震驚卡在喉嚨裡。我說，我真的很抱歉聽到這個消息，無法想像這對她而言有多麼困難。我想起曾在安寧病院一起共事的醫師說：「無論病症末期的診斷有多明確，你永遠無法準備好面對死亡。」

我的話感覺一點也不夠，但那是我所能說的一切，我想我的語氣比文字傳達得更多。現在，她必須決定是否該隱瞞詹姆斯她的死有多快到來，或是在她生命的最後這幾天，盡可能與他擁有美好的時光。她不希望這段時光遭到破壞，但也知道他會氣她不告訴他一切。

聊完詹姆斯後，琴恩哭了，頭一次告訴我她很害怕。我想把焦點從詹姆斯轉到她身上，專心支持害怕的她。但當她告訴我她想利用我們的時間來想想兒子的事情，雖然這違背我的本能，我也只能尊重她的意願。最後，琴恩決定採取折衷方式：她下個星期要好好和詹姆斯相處，讓這段時間變成兩人的特別時光；在那之後，她會告訴他她已經沒有多久可活了。她非常感激我和她說話，我則對世間的殘酷感到憤恨。

她病得太重，無法再與我對談。她寄給我一封很貼心的信，信裡的語氣讓我明白她知道我們不會再說到話。兩個星期後，我從她的一位朋友口中得知，她已經過世了。我當然知道這件事會發生，但仍十分震撼。與個案相處的經驗教會了我，知道一件事和經歷一件事是天差地遠的兩回事。

我覺得很震驚，希望她是安詳無痛地離去，但我永遠無法得知。我到當地的教堂，為她點了一盞蠟燭。我發現，自己仍會想起她。

02 芭芭拉

十七年前被診斷出腎臟癌，七十五歲的她只剩下幾個月的時間

芭芭拉十七年前被診斷出腎臟癌，她同意在家中與我碰面，聊聊如何與這個威脅生命的疾病共處。我對她所知甚少，只知道她回信神速。我因為迷路，在車上打電話給她，很驚訝她的聲音聽起來竟如此虛弱，像是從洞穴般的胸腔裡努力擠出話語。

芭芭拉在她的小屋外頭等候，友善地揮著手。兩隻狗狗也跟著出來，非常興奮、搖尾狂吠，我的第一個念頭是：天哪，拜託別讓我輾到牠們。我沒失手，她歡迎我進屋，茶和紅蘿蔔蛋糕已經備妥。

芭芭拉纖細瘦弱，走路緩慢。年逾七十五的她非常美麗，但不是那種年華已逝的美，而是說話、尤其是微笑時會散發的風采。她濃密的白髮和肌膚外表上顯然已歷盡滄桑，現在變得黯淡。當她歡欣起來，眼睛會閃爍著光芒，十分吸引我。

我很有興趣她是如何與癌症共處這麼久，她聞言苦笑了一下，我不太懂那是什麼意思，直到她告訴我：「這星期狀況很糟糕。我很努力求生存，過去十八個月我都在試一款新藥。它會直接針對病灶，意思是攻擊我的免疫系統，但沒有奏效。他們告訴我，癌細胞又大舉反攻，我的胃也有了癌細胞，現在已經長成橘子大小，速度非常快，情況不太好。我只剩下幾個月……」她說出這些椎心刺骨的話，淚水不禁潰堤。「到目前為止，我都很堅強，但我今天覺得十分虛弱。我已承受許多痛苦，我也累了。」她用手摀住嘴巴，意圖吞下淚水。她不想哭。

我從她的話感受到一股痛苦，並察覺到她對我這個陌生人說出最強烈的話語；我們能對他人說出口的字句，恐怕只有「我愛你」會更強烈。我知道我的回應必須簡單而富同情心，不要太誇張。「情況不太好」這種保守說法，使我很震驚。她不喜歡哭，正努力把持住自己，我也不想讓她覺得在我面前暴露太多。我說我非常遺憾，這樣的消息肯定令她飽受打擊。我希望她知道，我聽見她所說的事情有多巨大，我又多麼感同身受；我必須讓自己的語氣平穩鎮定，又充滿同理心。

芭芭拉笑了，努力穿越悲傷。「這幾天我都在處理這些情緒。妳來得正是時候，見到一個必須面對死亡的人。」她又展露那美麗的笑容，這次帶有諷刺意味。她的反應告訴我她內心的不同層次：很實際地知道自己大限將至，卻又不希望知道。她做事很有條理，說自己是「完美主義者」。「我想讓每一件事井然有序，永遠有很多事要完成。我今天早上不能見律師，因為我哭得太慘。或許明天可以吧。」

為了深入探索她對自己的壽命有什麼感覺，我問她想不想和醫師談談，猜測她在積極治療與安寧療護之間猶豫不決。前者雖有可怕的副作用，或許能給她更多時間；後者她會比較舒服，卻無法延長壽命。我很好奇她在生命的品質與長度之間會做何選擇，怎麼做都有代價與好處。她的本能是與癌症對抗。「我不想聽壞消息。如果他只有壞消息，我就不想見他。我已經證明他們是錯的許多次了，我可以再證明一次。」她一邊克制淚水一邊說。「我不想死。我以為我還有一年可活，所以這個消息讓我很震驚。」我發現，這樣一派輕鬆地談論這些選擇，對我而言非常容易，因為這不是我要做的選擇，與我的生命、我的死亡無關。但是對芭芭拉以及許多人而言，思考再久都沒辦法抵擋生物求生存的本能。

然而，在她實事求是的表面背後，是脆弱、害怕面對未知。「即將失去身體的機能，把我嚇呆了。我的聲音漸漸沒了，我看過語言治療師，她也無能為力……我只剩下一個夏天，希望能放鬆度過。我想盡可能度過美好時光，但我好怕。」此時，我們談到她需要或想要什麼來支持她。

芭芭拉獨居但不寂寞，她一個人就很快樂。深愛的丈夫帕迪六年前過世之後，她就一直艱苦奮戰，獨自承受「這個可怕的悲傷」。雖然她找到了辦法繼續活著，她覺得失去的痛苦和癌症復發有關：這是喪慟引起的。她對丈夫的關愛超過對自己的，疏忽監控自己的癌症，結果為時已晚。

我看得出來芭芭拉是那種不喜歡張揚的人，她有禮貌、為他人著想，但禮數周到的代價是，沒人知道她真正需要什麼。她需要朋友陪她、跟她聊聊近況、聚在她身邊，但她覺得大家都忙，她沒辦法打擾他們。她跟我透露：「我不會主動打電話，我希望他們打來，但是他們又說不想在我生病時打擾我。」

我堅決地說，現在該把自己擺第一位了。她拿起話筒，找到一份幾星期前壓在底下的優先順序清單：

● 我

- 皮普和巴斯（兩隻狗兒）
- 朋友
- 家
- 馬
- 雞

我和她笑了起來，原來她還知道要把自己放第一個。狗兒是她最親密的伴侶，和她一起坐在沙發上、在她房裡睡覺、逼她出門走走、永遠愛她、永遠很開心看到她，是她最大、最容易取得的安慰。她也愛馬愛了一輩子，牠們的存在與氣味給予她堅實的基礎；觀看賽馬也讓她平靜。

我問她關於喜愛園藝和馬匹的事情，得知更多她的故事。當她談起過去，聲音會變得較輕盈，就像年輕的她。「十一歲時，我就下定決心要騎馬。斑斑是我的第一匹小馬，牠是一隻花斑的昔德蘭馬。牠是我第一個愛人，個性愛玩又強韌，是牠教會我如何騎馬，我簡直是住在牠的馬廄裡。我父親是個農夫，在林肯郡有一小塊土地；他工作勤奮，我們這些小孩一天到晚幫他接生小羊、擠牛乳、餵牛隻。我會在農機車裡坐上他的大腿，一坐就是好幾個小時，那時的回憶仍栩栩如生：我能想起他菸斗的氣味，我坐在那裡看他嚼著菸斗的一端，吐出一口煙，我很愛那種感覺……」聽她說話，我突然發現感覺是不會變老的；芭芭拉的皮膚、骨頭、頭髮、每一個細胞都已年邁，但當她講述童年時，她變回六歲、十六歲的自己。回憶帶出的感覺絲毫不受時間影響。

後來她在當地的一座莊園照顧馬匹，意外地造訪一座美麗的花園，把她的人生導往新方向。她告訴我：「我對園藝的愛，給了我恒久的快樂。」她接受訓練成為景觀園藝師，建立了超過四十年的成功職涯，但她始終維持對馬兒和騎馬的樂趣。

芭芭拉在年近五十之前，從未被人愛過。「不知道是我自己還是什麼原因，我擁有過的幾段感情都沒有結果。沒人對我說過『我愛妳』，直到我遇見帕迪，我的帕迪。」當時他離過婚，有一個十幾歲的兒子，她和繼子花了一段時間才建立良好的關係。「他現在跟我比較親了，因為我們不必再爭帕迪。他人滿好的，偶爾會來看我。」我還在想沒有孩子對她來說是不是很大的遺憾，她就主動說：「我會喜歡有個孩子，但我沒有那種命。不過我有我的馬和狗。」

她所投射的意象與她真正擁有的力量之間，存在十分有趣的矛盾。那種甜美不武斷、充滿英式傳統作風的禮貌，顯示她把自己視為丈夫的下屬，卻掩飾了她內心的鋼鐵——使她能夠對抗困難、為兩人掙取多年壽命的堅毅。她有一位親密的朋友，在同一時間也被診斷出腎臟癌，一年內就過世了。芭芭拉覺得，這是因為她的朋友一直很生氣怨懟，老是說：「為什麼是我？」芭芭拉則平靜地說：「為什麼不會是我？」

芭芭拉與醫療體系打交道的經驗各式各樣，其中缺乏資訊、與專家溝通不足讓人格外受挫。她覺得他們誤診、沒發現她有胃癌，明明她之前幾個月就抱怨胃痛。她終於找到一個可以信任的醫師，並對他說：「現在你是我的神。」她需要有個人能寄予希望，但對方和大部分醫師一樣，忙得不得了，她久久才會獲得一次資訊或回音。她當然知道這是體制造成的苛待，不過還是很想對他吼叫。但他說：「抱歉，我在處理一個快死的病人。」她只好住口。

過了一下子，芭芭拉的聲音變得更細弱，顯然是累了。我確認她會讓別人知道她想見他們，不會等人打給她。我們同意會再見面後，她謝謝我，然後兩人走一輪慣例的客套和道謝，彷彿我們剛剛只是喝了杯尋常的茶、聊聊天氣。感覺好不真實。

芭芭拉對致命診斷的反應，類似於死亡的喪慟反應：可以面對與無法面對的事物之間互相互拉扯，訊息交雜、感受矛盾。因此她需要幫助，那些愛她的朋友可以陪伴她，一起看賽馬或緬懷往事；如果她提起即將到來的死亡，也能和她聊聊。

我發覺我們面對生命的模樣，就是我們面對死亡的模樣，只是或許更強烈了點。維持尊嚴與力量是芭芭拉重要的支柱，而我的工作就是找出方法讓她表達出這兩項，以及對未知事物的恐懼。事後想想，我希望她不會因為告訴一個陌生人這麼多而不安。

我也回憶她在屋外等候我的到來，請我吃蛋糕和喝茶，還煞有其事地用了別緻的瓷壺。我從不這麼做，朋友能從我那裡拿到馬克杯和餅乾就很幸運了，因為他們來找我時，我總是在忙別的事。芭芭拉給了我全副的關注，願意好好招待我，讓我看出她慷慨待人。我心想，她是否代表一個時代的結束？在那個時代，用和善與禮貌、微笑與一杯茶來掩飾混亂和困難，是一種女性規範。她這輩子或許因此付出高昂代價，我決定和她一同探索這些概念；這當中有種感傷一直留在我心頭。

我收到芭芭拉一封可人的信，說她想再見我一面，我很高興自己沒有令她招架不住。數週後我去拜訪她，安心地發現她看起來、聽起來都沒有變，健康狀況也沒有惡化；她當然仍準備了茶和蛋糕。醫師開了新藥給她，她希望會有用。她看起來相當樂觀正面，我心想她會不會提起即將死亡的話題，但我知道不能直接問她。

和她情況相同的每一個人，遲早都要展開一段心理抗辯，但芭芭拉尚未意識到這件事：何時「接受死亡」才是對的，享受其中的寧靜與平和；何時「太早放棄」又是錯的，因為每一天仍值得奮戰。

我很清楚芭芭拉一直很優秀地對抗病魔，但現在奮鬥只會帶給她痛苦，她無法獲勝。我希望隨著時間過去，我能幫助她明白表達這點。我們都很瞭解我為何而來，我也希望她主動提起相關話題，於是我提出開放性的問題來創造契機，例如：「妳有什麼擔心的事？」但她的回答是：「我不知道能不能去本地的花卉展覽，我很想去，但擔心我不夠強壯。」

我感覺我們好像一直在牛頭不對馬嘴：她表面說的話，以及我們倆都很清楚她真正要說、卻不想或不需說出口的事，兩者是平行線。我們彼此都心知肚明，她艱難地吐出一字一句，講話的同時得奮力呼吸，顯示她其實病得有很嚴重。

我發覺，她說不定會認為檢視自己的人生是很寶貴的做法。雖然我很好奇，但她若不想做，我也不會逼她。她對人生運作和處理機制都很消極，在某方面能減輕感受的強度，不致打亂情緒。她受到的壓力越大，就越需要這麼做，不過我試著輕輕引出我能誘發的情感，確保她有個支持，幫助承受對死亡的恐懼。她順利向我說出她對帕迪的愛，以及對工作和馬匹的熱情，給予她人生意義。「他生病時，大家擔心對我來說會不會太沈重。當然不！除了他身邊，我不想去其他地方，也無意跟其他人在一起。他不喜歡安寧病院的護士，只想要我照顧他，我便這麼做了。」我聽得出她話中的驕傲與愛，也意識到她再也無法擁有像帕迪那樣的愛。

流竄在字裡行間底下的無聲對話，只浮現出來一次，那時她想聊聊去年夏天的假期。「我不想再旅行。假期給我太多時間思考，我寧可在這裡忙碌……況且，我恐怕也別無選擇。」彷彿她是不經意陷入這個念頭。我反映她所說的，她緩緩湧現淚水。接著她別過頭，先是轉移話題，但又馬上轉回來，像討論沒中斷過似的。「我不怕死，只怕孤零零地死去，怕被人發現我死了。」我們討論她能先做哪些規劃，確保這種事不會發生。「我上星期見了安寧照護的護士。我可以去安寧病院，但我想待在家……」她又流更多淚，狗狗跳到她的大腿上、舔她的臉。她邊哭邊笑，摸摸牠們、一直喚牠們的名字，安撫牠們也同時安撫自己。我很確定安寧照護可以讓她在家受到照顧。我們說好，下次她再見到護士（幾天後），她會詳加詢問。

我下一次約芭芭拉見面時，她沒有回覆，使我擔心她已經過世了。我正想著該怎麼獲知消息，就收到她的簡訊，於是我便去看她。

芭芭拉看起來瘦很多，拄著拐杖走路。她呼吸短促，難以聽清楚她說的話。她告訴我：「我最近真的不怎麼舒服，發了一次嚴重高燒。現在我不確定自己想怎麼選擇。麥克米倫癌症支持中心的護士說，我隨時都會死，但我不太確定……我是一個尺寸不對的齒輪，每個槽都不適合我。」她一邊說話，一邊努力套上襪子，但虛弱得做不到。我問她要不要幫忙，她堅持自己來，最後還是需要幫忙。正常度日對她很重要，但她的體力已經趕不上了。其實有適合她的地方，只是她不想過去。

聽見她聽從自己的需要，集結愛她的人陪在身邊，讓我十分感動。她決定在生日舉辦茶點派對。「這件事簡直把我累死了。」她邊哭邊告訴我。「前幾天在派對上，我變得很感傷，知道大家是真的跟我說再見（她流下更多淚水）。應該沒人發現，不過我感覺自己真的已經到那個階段了……」

我正打算回應，但還沒機會開口就被她稍稍轉移話題。她表示一位朋友對她說：「這場派對做到妳想要的，出現很多笑臉；大家沒理由不笑。」我承認，這場派對的確是在為她慶祝。她露出迷人的微笑，驕傲地唸出最要好的朋友之一傳給她的簡訊：「上星期二是愛值得我們紀念的一面，那是如此、如此特別的一天。」我不確定這封簡訊真正的意涵，但芭芭拉顯然明白。整個活動對她相當重要，卻是苦甜參半。她發現感覺被愛、有機會說再見是很重要的，但大家都必須假裝一切沒事、很正常。我很確定她隱藏起自己的悲傷，出席的親友也是。倘若他們對彼此說真話，不知會是什麼樣子。

我和她一起坐著，發現她雖然也想跟我說她在想什麼，卻又不想與我深交。她高談闊論關於面對死亡的議題，但一部分的她彷彿又必須退避三舍；此外，她也肯定不想處理當中的任何情感。我就像一塊回音板，只能反映她想說出口的內心想法。她在逃避人生，但同時又正在為人生奮鬥。

我們走出戶外，來到她令人驚豔的小花園。坐在她最喜歡的位置，感受陽光在臉龐上，她明顯放鬆下來。她閉上眼，將一切收納到體內。「啊，現在快樂多了……我想再一次騎馬。」我看得出她的思緒正將她安在馬背上，風吹拂髮絲。在大自然裡的她，不論是小孩或成年人，她都感覺最安全、最自在；大自然撫慰了她。

另一件令她放鬆的事情，就是她與繼子強尼關係親密，兩人已經和解。「很高興我們已經……他真心關懷我，我覺得很貼心，過去我不認為他是這種人。我感覺到他對我的愛。我猜他以前從未愛過我，畢竟我是後母（她邊說邊流下很多淚），那段日子很難熬。帕迪死時，我好怕他會認為我做得不好，但他說我處理得很美。他很支持我，人很好……我們會對彼此說『我愛你』。」我無需補充多少，只說眼淚對她很重要，釋放過去的痛、接受強尼的愛，這是開心的淚水。

如果她想對其他相同際遇的人說什麼話，會是「你必須駕馭痛苦」，這點她的照護者為她做到了。還有「你永遠都會想要更多時間」，這讓人很哀傷，也像是另一個她承認自己命不長久的體悟，因為她大部分的時間都很疲倦。

她能接受自己需要幫助。「多吐一口氣，我可能就走了……我只想睡覺。但如果沒人在這裡，就會覺得睡覺有點嚇人。」她最近和麥克米倫派來的護士發生嚴重爭執，要求對方離開，不喜歡別人侵擾她的空間。但現在她明白，她必須放下掌控權，由別人照顧她。我看得出這對她有多困難：交出掌控，感覺也像是交出自己的生命。

她累了，需要睡眠，她對我說的最後一番話（我感覺比較像下意識、而非有意識地說出來）是：「我寂寞了很久，這世上幾乎每個人都很寂寞……」但幾週之前，她才直說自己不寂寞。我感覺她的意思是，我們每一個人都是孤單死去。

我又去見芭芭拉一次，她正逐漸凋零；能下床走到廁所，但走不了更遠。她睡得更多，麥克米倫新到任的護士給她嗎啡，試著施以合適劑量，能夠隔絕痛苦又不至於讓她一直昏昏沈沈。她睡著時，我坐在她身邊，聽見她刺耳地為生命奮鬥。

她醒來時露出笑容，臉上散發光彩。我問她在想什麼，她告訴我：「我作了很多夢。我分不清夢境與思想，但往事與歲月的影像從腦海中冒出來——生氣或不安的時候，深深埋藏、早已遺忘的時光，母親的身影，帕迪愛我的回憶……」提到他的名字時，她的眼淚流下來。「我開始用不同的方式看自己，思考我為什麼讓別人這麼難過。我之前沒看見這點……」

一陣沈默後，我以為她睡著了，但她開口說話，彷彿我們一直在談這件事。「我相信靈魂能脫離軀殼。比起神祇，我更相信靈魂。妳覺得呢？」我說，我相信我們會繼續活在我們所愛與愛我們的人的回憶裡。我說，我認為她會繼續活在這間屋子裡、活在強尼心裡。

她回答：「我好高興我留在這裡。我想要有更多時間愛它；我想要夏天。一切都太快、太快了，時間寶貴……」接著又說：「妳沒親眼見到靈魂，一定很難相信……我目睹帕迪的靈魂離開軀殼。」我讓回應保持簡單，傾聽並讓她知道我有聽見她說的話、在陪著她。她再度慢慢入眠時，我聽見她說了「旅程」這個字。這個字被人們過度使用，但她確實在進行一場雙重的旅程：一趟是靜止的旅程，另一趟是即將帶領她進入截然不同世界的旅程。我們都知道，卻也都否認。

幾小時後，我準備離開。我們短暫擁抱，她說：「謝謝妳。妳會再來嗎？」我說，會、當然會。但我想，我們倆都知道這不太可能了。芭芭拉不是會抱人抱得緊緊的那種類型。我坐在車裡，感覺顫抖不安。最後的道別非常艱難，我才是那個覺得感恩的人。

結果我錯了。芭芭拉從重病中復原，之後我一直有拜訪她。一款新藥正在延長她的生命，沒人知道她的壽命還有多長。生命唯一可以確定的事情是，我們永遠無法確知自己何時會死。

03 戈登

年逾八十的他患有肝癌，沒辦法動手術，因為癌細胞已遍及全身

戈登穿著漿得筆挺的白襯衫，鈕釦整齊地扣到下巴、袖口和袖釦反摺，背心口袋掛了一條懷錶。他年逾八十，衣著仍俐落整齊；走路緩慢，雙腳是擦得亮晶晶的牛津皮鞋，拄著一根枴杖；體格瘦小、膚色偏白，眼鏡後方是一雙銳利的藍眼睛。他看起來就處在死亡邊緣，心神不寧而焦躁。他知道我是心理治療師，去看安寧照護時同意見我；我在心中想像這是個結善緣的會面，能夠為他提供陪伴與情感支持。

他用輕微的蘇格蘭腔告訴我，他有肝癌，癌細胞已遍及全身，無法動手術。我應和這樣的診斷時，他說：「我覺得迷惘。我太太已經死了。」我看見他淒涼的神情，同一時間他掃視著房裡，似乎想找個地方把自己拴好。戈登一邊看報，一邊斷斷續續跟我說話。這樣的節奏很好，他可以控制談話的間隔，但從他翻報紙的方式便看得出不安：他會發出許多吵雜的

窸窣聲，不斷惱怒低語，好像報紙是故意放在那裡惹他生氣。

我問他有關妻子的事。「她不該死，我才是那個生病的人。她比我小三歲，八十二歲，相當健朗，只是走路有點不穩。但六個月前，一次嚴重的心臟病發，她當場就死了。我正在客廳，聽見房間傳來喊叫和砰的一聲，跑上樓便看見她死在地上。」說出最後幾個字時，他難過得流下眼淚。

我緩慢回應，每個字之間都做呼吸，好讓他能模仿我放鬆。我告訴他，那肯定非常震撼。我必須提高音量，他雖然有戴助聽器，聽力還是不太好。他把悲傷轉為憤怒：「他媽的一點也沒錯！」接著便激動地大罵一頓（我無法完全聽懂他在罵什麼），然後雙手大力握拳。我看見「愛」刺在他的左手手指、「恨」刺在他的右手。

和許多人一樣，我本能地提防憤怒的不可預測性，雖然這是喪慟常見的反應。我說服自己，不要刺探太多而讓他心情不好。我靜靜地坐著，思忖他的憤怒，接著回到基本，認同他一旦人生少了她，他肯定十分難過，這件事感覺大錯特錯。我從眼神看出他的態度稍微軟化，但他改變話題。「我想喝杯茶。」我開始瞭解，他的病、又或者是生病加上天性如此，使他無法思考得太久。就好像他在腦袋裡的不同房間進進出出、不斷移動，因為沒有一個房間讓他自在。

反映戈登的文字，使我重新思考對老年和死亡的理解。我常聽人說，年老會逆轉父母與孩子的角色，變成孩子在養育、照顧父母。彼此的關係若原就緊繃，這樣的狀況可能讓人十分焦慮、難以處理，對孩子是很重的負擔。但我從未仔細想過年邁的父母會有什麼感覺，自己的能力隨時間一點一滴消失，肯定很可怕。長者奮力維持掌控權，任何小事在他們心中都會放大，卻使得一切更遠離他們的掌握。

我下星期又去見戈登，想知道他在安寧病院過得如何。「還算喜歡，但我花好幾個小時在等醫師、等物理治療師，等、等、等。我沒那麼多時間浪費，今天在這裡已經三個小時，我快受夠了。」他煩躁地踢腳。

聽戈登說這些，他會生氣也是合情合理：他不僅受病痛與行動不便折磨，還幾乎失去生命中所有親近的人。他活了下來，卻也非常孤獨。活到八十五歲，他比妻子、六個手足和大多數朋友都長壽。「除了兒孫，我誰也不見。我太太以前會打電話給人，但我不想費這個心。我是個悲慘的窩囊廢，我受夠了。」他話裡的矛盾，我全都聽得清清楚楚：他不想浪費時間，因為壽命有限，同時他卻覺得悲慘孤單，不確定還想不想活下去。他的心理狀態沒讓他察覺到這點。此時此刻，他需要的是充滿同情的理解，對他的話做簡單的反映。我必須奮力與他連結，不能被他的憤怒推開；他疏遠人們的能力，一直在加重他的沮喪。我盡可能妥善但簡單地回應他，並盡量在語氣中融入暖意，這似乎使他平靜下來。

在這數週的對談裡，我會問問他的人生。我聽見許多片段，像陪他回憶腦海中的微電影。舒適的沈默夾在故事之間，有時他會開始打盹。他變得平靜許多，我不確定這是因為我跟他比較熟了，或因為談論過去令他開心。「我以前是個小兔崽子，很強悍的古惑仔，愛打架……我故鄉的教派意識很重，那裡有格拉斯哥塞爾提克和格拉斯哥遊騎兵隊兩支足球隊，你不是芬尼安混球，就是奧蘭治混球，我們兩派經常打架。*看到一大幫人，你要對他們爆粗口、扔磚塊和酒瓶，等他們靠近再賞一頓好打，之後會有人把被剝下來的羊毛衫、襯衫或之類的東西留給你。秘訣在於動作快。塊頭大的孩子負責出腳踢人，我的個子小、身手矯健，而且跑得快；如果覺得快被抓到了，就把他們絆倒然後快逃。通常大家只是擦傷瘀青，但過程中難免會打破一點東西，總會有人出面喝止。以前那些老派的警察，處理的方式就是把你打得屁滾尿流。」他邊說話，邊精神抖擻地揮舞雙手，反映昔日他能揮出的拳頭。

他告訴我十八歲時的甜蜜故事。他想辭去當地高爾夫球場薪資好、還附住處的管理員工作，開創風險高的木工事業。他問父親的意見並獲得鼓勵。「戈登，朝你心之所向吧，因為你不習慣動腦。」想起父親的愛，他的眼裡湧現淚水和笑意。

他是個很棒的木工，總有生意做、從不缺錢。他熱愛曠野與賽鴿，兩者都是從小深植心中的熱情。「我以前常去爺爺奶奶家，他們住在幾公里外的礦村，村後就是一片曠野。我會跑去曠野，自己一個人玩幾個小時、看黑松雞。舅舅偷獵松雞時會帶我去，他會撒一大張網子在松雞頭頂，剛好夠煮一鍋的量。那裡有舊礦殘留的痕跡，還有像恐龍般巨大的採礦機器。我以前會坐在舊器械上，想像它們動起來，就這樣玩……」接著，他的注意力又回到現在、面對將死的事實。「曠野是我的良藥。如果我倒下，最後聞到是石南和濕青苔的氣味，我就滿足了。」

我想知道更多有關賽鴿的事，他露出自豪的笑容，告訴我：「我們家有好多獎牌，我贏

---

*譯注：塞爾提克和遊騎兵隊是蘇格蘭格拉斯哥市的兩支敵對球隊，合稱為「老字號」。前者的球迷多為愛爾蘭裔天主教徒，後者則是蘇格蘭裔新教徒，宗教和種族衝突嚴重。芬尼安混球是辱罵天主教徒、愛爾蘭人或塞爾提克支持者的字眼，源自芬尼安兄弟會（Fenian Brotherhood），這是十九到二十世紀致力於愛爾蘭獨立建國的組織。奧蘭治混球是辱罵新教徒或遊騎兵隊支持者的用語，源自奧蘭治聯盟（Orange Order），這是宣揚國族主義、反對分裂的新教組織，以一六九〇年在光榮革命中擊敗英國天主教國王詹姆斯二世的荷蘭裔新教徒國王威廉・奧蘭治命名。

過很多比賽。」但他最感動的回憶還是來自兒時，再一次是與煉鋼工人的父親有關。「我們會走上蜿蜒的步道，來到聖瑪格麗特教堂頂端的鐘樓，爬到大鐘上面撿鴿蛋，我父親說這是從教堂『取聖鴿與牠們的聖蛋，是上帝的介入』。那裡的鴿子飛得比較快。」還想得起這段往事似乎讓他很高興，而在腦海裡回到那棟鐘樓時，他就更快樂了。「有一天，我爸在懸掛大鐘的巨大橡木橫樑刻上我們的名字，將會保留在那裡，被灰塵覆蓋。」

我開始建構他過去的樣貌，讓人十分辛酸：他口才好、追時髦、自豪、強悍，是那種「好戰友」類型的男人，為人忠誠、有趣、全力奮戰。他的陽剛是那種在戰鬥中保護人的陽剛，因此有必要性格頑固。我發覺，初次見面時他言談中的尖銳，加上他承受的病痛，其實是在發射令人難以承受的迷你飛彈。要待在他身邊、心理上不退縮，必須投入很大心力。但在那保護機制底下，他是一個深愛妻子超過五十年、也被家人好好珍愛的男人。溫暖在他心中，只因最近的失去和痛苦被掩蓋。

我很好奇他的性靈生活。他有信仰嗎？他認為死後會發生什麼事？他被當成天主教徒撫養長大，但不常上教會。「我每天晚上都在床邊跪著禱告。」卡通《小熊維尼》裡的人類男孩克里斯多福．羅賓的影像，自然而然浮現在我腦中，我突然開始想像這位長者幾十年來跪禱的畫面。他現在每天晚上都會為妻子和自己禱告，這聽來像是能平靜心靈的冥想。「主給予並帶走，但主最近似乎帶走一大堆東西。」他這麼說，露出頑皮的表情，彷佛小時候總會給他背頸一棒的神父肯定會打他，只是現在沒機會了。後來，戈登忘了說到哪，開始低頭打盹。我無法瞭解他對天堂有什麼信念，但這席談話仍是動人的吐露心聲。

幾個月後，戈登變得更難受；他的左臂痛得沒辦法走路，只能坐輪椅。他到當地的醫院，一群被他稱作「白癡」的醫護人員為他看診；顯然什麼也不懂的新手醫師，幾乎沒做檢查就開給他止痛藥。「連狗兒都不會受到這種待遇……」他垂著頭說，聲音低沈憤怒。我知道他之所以生氣，除了醫護人員的專業能力不足，也跟他們應對他的態度有關。光一個眼神，就足以顯露對方是值得尊重的人類，或是把對方貶低成不屑一顧的物品。我問他，他現在需要什麼，什麼最能幫助他？「我需要看那該死的醫師……不過太難了。」安排核磁共振的醫師「對結果不太樂觀」，我相信他經驗豐富的預測。

那位醫師猜得沒錯，戈登罹患骨癌，全身都是癌細胞。他說：「每一件事我都無法掌控。」解決一個問題，又會產生一個新的。醫學已用盡一切解決方式，現在的目標是讓他舒服、沒有疼痛。醫師對他說：「你還有幾星期或幾個月可以活。」我每次都覺得，這種說法其實就是指幾星期，只是世事難料才講得模稜兩可。離開時，我看見戈登的輪椅後掛著一面獎章：「活著的藝術就是，死得越晚越好，但要死得年輕。」我笑了笑，他永遠是個鬥士。

下一次拜訪安寧病院時，戈登與另外五名同樣病得嚴重的男子臥在同一間病房，兒子過來陪他。雖然他看起來非常虛弱，皮膚幾乎像黃色的羊皮紙，但精神似乎不錯。帶著那雙閃爍的藍眼睛，他對我露出溫暖的笑容，驕傲地介紹自己的兒子（也叫戈登）。他告訴我，他們利用定時的嗎啡幫浦止住疼痛，讓他舒緩許多。

他的心理出現很大轉變。他已經不再為生命奮鬥，接受死亡使他平靜。他現在一心想著自己的死亡。「我想為自己做棺材，但我沒力氣了，所以我挑了最喜歡的……我選完墓碑，上面刻有我的名字和一隻鴿子。我會葬在卡蘿旁邊。」

我在那裡時，戈登大部分時間都在睡覺，但我聽說他領了聖餐。這是一個很大膽的決定，雖然他一輩子都有禱告，但從青年時期開始，他便沒領過聖餐。他和自己的死亡和解，天主信仰撫慰了他。他不想說話時，就轉頭看兒子為他下載的巴斯特・基頓（Buster Keaton）電影。

我想找個方法道別，讓他知道我不太可能會再見到他，但又不想掀起波瀾。努力找尋對的字眼帶給我不少壓力，但我其實多心了，戈登幫我們找到適合的句子。「好好照顧自己。」他給我一個擁抱，我也對他說出相同的話。簡簡單單，但加上擁抱便足夠說明一切。

我離開安寧病院，心中充滿對戈登的無限感恩。他教會我許多事情，並讓我陪他經歷這段十分私密、接納自己死亡的過程。我很驚訝我並沒有感到悲傷，反而是鬆了一口氣，這種感覺和我面對大多數個案時不同。他擁有一個漫長而意義非凡的人生，充滿愛和許多好事，但他已經活夠了，現在該是離開的時候。

幾週後，小戈登好心地傳來一則短訊，告知他的父親已經往生。他在安寧病院安詳離世，家人都在身邊。他告訴兒子：「我在死前找到了天堂。」我想知道更多，因為我喜歡枝微末節、探究詳情，但我必須安於最後那一句美好的結語。

悲傷練習

我們的第一口氣，象徵著成功誕生，最後一口氣則代表人死離世。我們全都知道自己會死，這是唯一真正可以預測到的事實，但大腦驚人的力量把這件事藏得好好的。琴恩、芭芭拉和戈登必須在保持對生命的希望，以及不被死亡將至的前景擊敗之間，找到那微妙的平衡，想辦法接受死亡即將來臨的事實。我有幸得以窺探這段過程。

面對自己的死亡，我們必須接受生命的意義即將失去，愛我們的人也將面臨重大的失去。儘管如此，死亡還是可以很美好。一旦接受它，不再把焦點放在為生命奮鬥，便有可能獲得優雅溫柔、無痛祥和、在關愛環境下的死亡。

那些工作上會接觸臨死之人、經驗比我更豐富的人，點出了與在死亡邊緣的人相處時所擁有的獨特親密感：生命的這段時光，讓我們有機會透過一趟深度的內在旅程豐富自我；我們不再尋覓成功或認可，能自由地做更完整的自己。與此同時，這絕不是唯一的方法，也不一定適合所有人。有些人就是必須不斷奮鬥，死亡對他們就像是在打仗，而士兵會戰到至死方休。優雅溫柔不見得是每個人中意的風格。

琴恩、芭芭拉和戈登即使面對死亡，還能談論自己的恐懼與希望，一部分是因為我有相關專業，且就是為這個目的而與他們見面。我能想像，少了局外人問他們問題，他們可能更難自己做到，理由是人們對死亡常常既害怕又無知。當今我們在溝通死亡話題時所使用的方式，顯然沒有用：百分之四十八在醫院去世的人當中，僅有百分之二是自願選擇死在醫院；曾和家人聊過自己心願的臨死之人，不到三分之一。

家庭若沒有談過這些困難的話題，將承擔非常大的責任：從想不想進行心肺復甦、立下生前遺囑實踐自己的決定，到器官捐贈等等，家屬會發現自己幾乎不可能對所做的決定有信心。做決定最叫人憂心的，就是不確定感，而對臨死之人進行任何醫療的後果，永遠都有不確定感。再加上不曉得臨死之人有什麼遺願，更會加重下錯決定、懊悔與愧疚的可能。

待在安寧病院的日子，讓我明白我們都該在真正面對生命盡頭的許久之前，便試著談論、規劃、準備死亡。這有助於我們深入挖掘內心，發現我們對死亡怕得半死的原因。如果我們安靜坐著，好好思考對生死的信念，並找到方法和最親近的人（特別是那些會活得比我們久的人），聊聊我們的心願、想法與恐懼，那麼害怕就會消散。

縱使聊過很多次，我們或許仍未準備好面對逼近的死亡。而對那些做得到的人而言，從為生命奮鬥到接納死亡，這種轉變來自喪慟的歷程，與其他喪慟過程沒什麼不同。當一個人感受到失去祈願的未來所帶來的痛，並想辦法接受有限的未來，這種轉變才會發生。

倘若我們選擇相信某些事情，能在活著和面對死亡時給予安慰，或許較可能少受一點苦。倘若我們選擇與身邊的人談論我們的死亡，他們也會少受一點苦。沒人能知道即將死亡是什麼樣的體驗，但我們確實知道，無論是不是出現在我們所愛的臨死之人身邊，出席或缺席永遠都會留在深愛他們的人心底。大家的感受和想法如果一致，死亡就會比較好受。

我從經驗得知，總會有些人無法談論自己的死亡，緊緊守護著他們的防衛機制。承認死亡引發無能為力的恐懼，否認是他們唯一的選項。要注意的是，即使他們口中否認，仍可能藉由隱喻展露心中的恐懼，聽出這些暗示至關緊要。那些不談論死亡的人，有可能會在時候來臨時受到更多折磨；不僅因輸掉奮力希望贏得的戰鬥而痛苦，也會更畏懼死亡。然而，全盤否認、但仍擁有美好的死亡，亦是有可能的。

大多數人都曾見證醫學的奇蹟。醫學每年拯救數百萬條性命，但這些成功使我們對它的極限產生錯誤印象。致命疾病一旦越過某個臨界點，之後病況或許可以透過醫療介入而穩定一段時間，但無法真正逆轉。病患和家屬通常很難接受這點，永遠希望能再嘗試一次治療，深信他們會是萬中選一、打敗不可能的人。接受化療之類的療程而死，與因疾病而死亡，要評估兩者的風險並做出抉擇十分困難。這就是醫學專業出面的時刻了：醫師必須與將死的病患和家屬三方面談，確保他們一同做出極其複雜的決定。

和所愛的人正面臨死亡的家屬合作時，我除了建議彼此坦誠溝通，我的核心宗旨是確保他們不留遺憾。他們應該花時間相處、平靜地回憶往事或靜默、拍照、也許可以寫寫日記，將外在世界擺一邊。訪客僅限幾位至親的家人和朋友，把焦點放回他們深愛的人身上。每一分鐘都很寶貴，在臨死之人過世後將成為他們慰藉的來源。

如果我們允許自己去想這個問題，都知道自己想要一個無痛、安詳、有尊嚴的死亡；我們不想孤單死去，想和愛我們的人一起，在安全的地方過世。我們通常不希望被丟進醫療體系中，因為那裡為了延長生命，可能因此忽視個體的人性。如果我們能接受即將到來的死亡，瞭解它的困難與複雜，或許就有機會塑造自己的結局，也可能不會那麼害怕。我們無法控制結果，但可以確保利用到所有的支持手段，盡量將它變得能夠忍受。

有一點值得重申，所謂的神奇思維，是阻礙人們暢談生命終結的關鍵，也是為何我們必須在瀕臨死亡前進行這些對話的原因。不要認為談論死亡某方面就是在加速死亡，或是談論死亡等於放棄。

死亡焦慮

我們對死亡的態度，很可能反映出我們活著的方式。一個人若活得很憤怒，接近死亡時會變得更憤怒，反之亦然，這段時期我們的人格特質會變強烈。許多人對死亡抱持負面態度，察覺自己的死亡、感覺威脅將至，可能導致高度的死亡焦慮。

據說一個人回顧人生時，不是心滿意足地接受，就是認為自己度過一個沒有目的和意義的人生。毫不意外，滿意人生、認為自己的存在充滿意義的人，對死亡的焦慮比相信自己的人生缺乏意義的人來得低。

一個人若曾經歷所愛之人死亡，其死亡焦慮感通常會提高。這是因為這類事件可能促使他們開始思索自己的死亡，考慮此事的時間也會增加。

為了處理死亡焦慮，許多人會做出防衛性行為，像是找事情讓自己從巨大的死亡思維中分心，或是否認在死亡面前的脆弱。正是這些防衛機制，使人們相信應該害怕死亡，同時不惜代價逃避死亡。

然而研究顯示，有過瀕死經驗的人，常會說他們不再害怕死亡。我也經常發現，經歷過孩子死亡的父母，自己不再恐懼死亡。

接受死亡

研究顯示，接受死亡的人心理上已瞭解生命不可逆轉的特性，他們察覺到自身死亡的必然，對此展現正面的情緒反應。然而，一個人也可能整體而言接受死亡，同時又拒絕自己死亡的概念。一項研究比較出人們對他人和自己死亡的認知，發現受試者對於自己的死亡會是什麼情形，常常給予偏離現實的表述，但對他人的死亡卻能給予符合現實的描寫。

一個人對死亡的態度，或許與他們的生理、心理健康有關。研究也支持這項論點，指出生理健康較佳者通常對自己死亡的焦慮較低。整體而言，接受死亡對身心健康和活力具有正面影響。

宗教的影響

在人們對死亡的態度上，宗教扮演重要的角色。無論信仰什麼宗教，都能做為一種緩衝，降低對死亡的恐懼。許多宗教強調來世，堅定了人們認為不需害怕死亡的信念。有宗教信仰的人展現了對死亡的坦然，他們相信自己會繼續存在於快樂的來生。

社會支持的影響

情感支持是最重要的社會支持形式。對芭芭拉、琴恩和戈登來說，與關心他們的親朋好友擁有親密關係，是影響他們死亡焦慮程度最重要的因素。社會支持有助提高個人的自尊，在死亡逼近時可以降低生活壓力的負面效果。自尊較高、擁有良好社會支持網絡的人，死亡焦慮較低。

住進社會機構的年長者，焦慮感很高，尤其是生理與心理皆虛弱的人。他們缺乏自尊低，覺得生命沒有目的。

總算有一項研究未出現矛盾：覺得自己社會支持度低的人，會展現高度的死亡焦慮。

憂鬱和喪慟

人們常問我，喪慟和憂鬱有什麼差別？雖然兩者感覺很像，過程卻是不同的。喪慟是對外在事件的反應，會引發全面的過程；憂鬱則很難定義，但最簡單的說法是，我們持續感受到負面情緒或焦慮，原因可能來自大腦的化學物質不平衡。

即使我們處於喪慟過程，仍會擁有一些開心快樂的時刻；反觀陷入憂鬱時，那種空虛和絕望的感覺連番而來、不會中斷。複雜的喪慟具有憂鬱的特質，例如想自殺的感覺，因此需要專業協助。然而與心智有關的事情，永遠不可能有確切的定義，因為研究也顯示百分之十五的心理疾病源自未了結的喪慟。

第 6 篇

我們這樣走過喪慟

愛與工作……工作與愛，人生不過這兩件事

——西格蒙德・佛洛伊德，心理學家

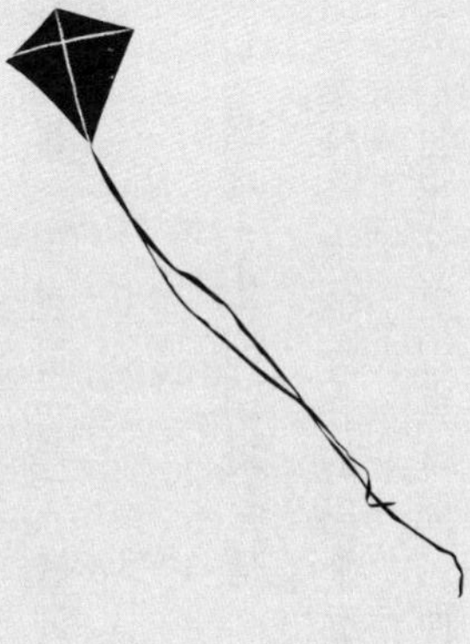

人人獨一無二，因此不可能寫出一份定義清晰、舉世通用的清單，來條列能幫助我們處理喪慟的事物。以下的指導方針只是一些大方向，思考什麼能在人生如此艱困的時刻幫助我們。喪慟時我們需要付出心力，持之以恆做一些可以幫助我們身心的活動。對某些人而言，喪慟的前幾週或前幾個月似乎不可能做得到這些事，但也有一些人歡迎這種做法。

我發展出「力量之柱」這個概念：支持我們、讓我們能重建人生的關鍵架構。建立這些基柱需要努力且堅持不懈，它們不會憑空出現。這些基柱是一個整合的完整有機體，我們不能只聚焦其中一個，忽略其他基柱。它們要求我們付出注意力與時間，而關注到每一個基柱的成果，就是它們提供的支持會增強好幾倍。

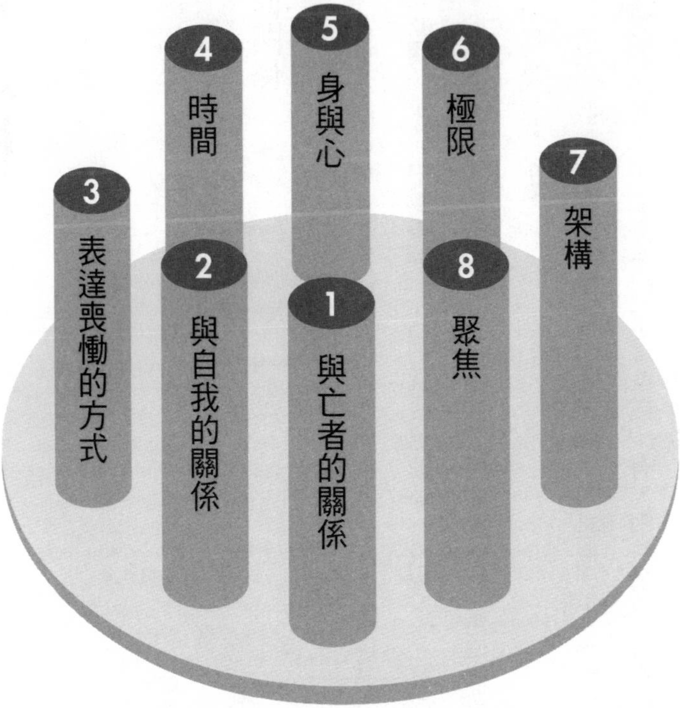
1
與亡者的關係
2
與自我的關係
3
表達喪慟的方式
4
時間
5
身與心
6
極限
7
架構
8
聚焦

01 力量之柱

一、與亡者的關係

- 我們懷有的痛苦會多濃，最大的指標就是我們與亡者之間的關係品質，以及我們有多愛那個人。對方在我們的生命中越重要，我們就會越珍愛、越懷念。這裡有一個矛盾：亡者若是我們生命中的重要人物，但雙方的關係不佳，可能會使喪慟過程難上加難。我們很可能會有遺憾，而且沒機會修補關係。
- 從個案中可以看到，我們與亡者的關係仍會持續，只是形式大為改變；我們是在亡者不在了的情況下愛對方。有人可能需要經常這麼做，有人則只需偶爾或在忌日等特殊的日子表現。支持自我的核心基柱，就是「找到方式將這段關係表露在外」。

- 你可以穿戴一些與他們有關的東西，像是他們的手錶、寫有名字的物品，或是一件衣物（如圍巾）。
- 到墓園探望；創造一個回憶盒，在裡面放置特殊的物品，例如他們的眼鏡、卡片或乾燥花；做一本相簿；或者，以日記或信紙的形式寫信給他們。
- 烹煮他們最愛的食譜。
- 在網路上張貼你知道他們會喜愛的圖片。

有許多方式可以做到這一點。藉由執行固定的儀式，為關係延續找到外顯的表達形式不僅重要，也能減少負面情緒、增加正面感受。

隨著時間過去，這些儀式的頻率可能會降低。

二、與自我的關係

- 我們與世界和他人的關係因喪慟而變，與自我的關係自然也會改變。我們必須對自己展現同情心，傾聽自身需求、對自己好，避免持續自我批判、攻擊自己。我們必須瞭解到，感覺並不是事實：例如，感覺很糟，不會讓我們本身變糟。我們的腦海可能會出現許多互相衝突、一團混亂的訊息，寫日記是一種澄清思緒的好方法。寫下那些矛盾的訊息，例如對某人的死同時感覺鬆口氣和悲傷，便能看清我們在對自己說些什麼，照亮內心的明鏡。有了準確的樣貌，我們便能找到適合的支持。許多研究都探討這種自我支持的方式，指出它和談話治療一樣有效。

- 每個人都需要防衛機制，知道自己的防衛機制是什麼將很有用。此外，我們也必須想一想，在特定狀況下是否該建立其他類型的防衛機制。例如，難過時傾向把自己關起來，代表我們無法得到其實很需要的支持。明白這一點，並告訴親近的人我們內心的真實感受，是最好的做法。
- 喪慟時持否認態度，是自我保護很自然、也很重要的部分。喪慟時有必要逐步接受事實，因為在心理上一次理解所有的事實，會讓人應付不了。
- 新的失去很可能喚起過往失去的記憶。我們沒有發瘋，也不是過去沒有做好必要的喪慟。這是正常反應。

三、表達喪慟的方式

我必須大聲疾呼，我們全都需要找到方法表達喪慟，任何方法都可以。如書中個案所闡明，有人採取與家人或朋友聊天，有人則是寫日記，還有人是畫畫、創作音樂、見見心理治療師。表達喪慟的方式無所謂對錯，關鍵在於找到方法連結內心的感受，釐清接著予以表達。如果經常做這件事，我們就能建立一個支持基柱，管理我們的痛苦；這個基柱也會隨著時間轉變。

四、時間

我們必須明白，處於喪慟的人，對時間的觀念會有所改變。

- 給自己比平常更多時間來下決定，無論是立即的決定，例如葬禮（除非宗教上有時間規範），或者關乎人生的長遠決定。我們可能覺得有壓力、必須快點採取行動，因為無力感非常強烈。然而，若不想做出會後悔的決定，唯有投注時間，才能確保下決定前經過審慎思考。

- 喪慟所花的時間，比任何人希望的都要久；我們沒辦法對抗，只能找方法支持自己走過來。當我們試圖擋開喪慟，只會讓自己更容易罹患生理和心理的疾病。好的一面是，痛苦的強度會隨時間減輕，我們確實會自然而然地調適、重新生活。
- 我們與時間的關係感覺似乎變了。未來看起來很可怕，我們或許渴望回到過去。最好的方式就是不要把目光放太遠，先把焦點放在每一天、每個星期。

五、身與心

身與心是很重要的基柱，它們因所愛的人死亡而遭受嚴重衝擊。神經科學告訴我們，人類的每個想法都具備生理成分，身體會感受到。身與心互有關聯，甚至合稱為「身心」，被視為交織的單一元件。神經科學家說：「身體記得生理留下的紀錄。」也就是說，我們的身體記得所有經歷，下意識影響我們的想法和決定。因此喪慟的痛苦能在體內感受得到，並影響我們的思考和行為。我們體驗喪慟的經歷，跟體驗恐懼的狀況時常很相似，兩者都讓生理系統進入高度警戒狀態。我們必須建立一套方法來幫助身體調節，藉此有助於反應到情感層面給予支持。這套方法越是養成習慣就越有效，其內容應該包含：

- 心肺運動，有助緩和恐懼的感覺。例如跑步、走路和其他運動。
- 放鬆／冥想練習，有助管理焦慮。
- 規律飲食，避免攝取大量的糖、咖啡或酒精，這些東西會讓身體的力量高漲，接著又快速滑落。

六、極限

當我們經歷一個改變人生的重大失去時，工作表現和社交反應很可能受影響。其中一個重要的基柱，就是認可說「不」的力量。當我們誠實地評估一個狀況，發現這不適合我們，就必須有自信說「不」。

說來矛盾，這能提升說「好」的力量，如果我們的「不」說得好，「好」就會變得更正面。喪慟時，親朋好友有可能會變得很霸道，急於讓我們回復生活常軌，但我們才是真正知道自身極限到哪裡的人。我們要注意是否過於勉強，並清楚地說出來。

七、架構

在喪慟的混亂中，我們可能覺得自己的世界傾斜，因此「建立架構」這個基柱會很有幫助。但要保持一些彈性，過度控制行為可能產生反效果。

- 運動是最首要的。
- 做一些工作或家事。
- 挪出時間回憶亡者。
- 主動進行一些撫慰人心、平靜心靈的活動，像是買漂亮的花、請人按摩、烹煮美味的食物、看電視、聽音樂、閱讀（雖然有些人要花比較多時間才能專注在閱讀上）。

- 睡眠時間規律。

發展好習慣的架構有多重效果，我們越常做這些事，感覺就會越好。形成好習慣大約要六星期，之後我們不需多加思索就做得到。

八、聚焦

喪慟凝滯在我們體內，人們常把喪慟形容成喉嚨或肚子裡的「一個結」或「一個大團塊」。有時他們的手、腳、頭感覺非常沈重，但通常找不到文字描述這些身體感受。聚焦可以幫忙我們找到適切的文字。我在個案中有寫到與客戶一起進行視覺想像，使用的方式就是聚焦。

我運用「聚焦」這個技巧，輔助我開啟、釋放人們內在的身體情報，但你也可以自行做到。我建議你將注意力導向內在：察覺體內的一種模糊感受，吸進這種「感覺到的感受」，也就是「聚焦」在這個感受上。這將給你一些資訊，在有意識的狀況下是察覺不到的。

我會請個案遵循以下步驟，你也可以自己嘗試。

- 閉上眼睛。
- 緩慢地深呼吸三次，由鼻子吸氣、從嘴巴吐氣。
- 將注意力導向內在。
- 將注意力在全身上下移動，直到找到感受最強烈的地方。
- 吸進那個地方。
- 找到文字描述那個地方——它有沒有形狀？或顏色？它是硬的，還是軟的？
- 如果那個圖像會說話，它會說什麼？
- 接著，跟隨圖像的帶領。

02 親朋好友如何能夠幫得上忙

別走在我前方，我可能不會跟上。別走在我後頭……我可能不會引路。與我並肩向前……做我的朋友就好。

——阿爾貝・卡繆（Albert Camus），法國小說家

人類需要彼此，生來就是為了與他人連結。我們需要人才能生存，並在我們快樂或勉強強過得去時，都會分享我們的人生。喪親時，我們也需要人。我問過許多喪親者，他們重建人生的過程中，最重要的一個因素是什麼？每一個人都這樣回答：我的伴侶、我的父母、我的朋友、我的手足。可能是一段親密的關係，也可能是許多親朋好友都扮演了不同的角色，但在重建對人生的信任時，這條路是由無數關心你的人鋪設而成。以下是我學到的見

解，也包括我詢問的那些人所說的一些話。

我一直清楚喪親之人的親朋好友總是一心一意想幫忙，難就難在他們不知道怎麼幫。他們很可能害怕做錯、讓事情更糟，於是什麼也不做。我希望以下寫到的心態、練習和觀念能帶來信心，讓你克服恐懼、接近喪親之人，而非逃避他們。

朋友或熟人還必須跨越一道潛在的心理障礙。當你來到一個深陷巨大痛苦的人身邊時，那種痛苦會傳給周遭的人，幾乎就像是求救信號。旁人會因此感覺不適，有點像恐懼，不過也有人可能只覺得自己「怪怪的」。這種感覺可能讓人相當不安，於是許多人的本能反應是要想辦法中止它，這就是為何喪親之人常被說告誡要「治好」自己、回復正常生活。有些人則只想遠離造成不適的源頭，他們的解決辦法就是逃跑。

傾聽

當個好朋友，準備付出自己的時間，傾聽、承認朋友失去的痛苦程度，傾聽是其中關鍵。見證朋友的苦，允許朋友難過、困惑、矛盾或不發一語。每一次能再講一遍自己的故事，或述說亡者對他們有多重要，他們自行承擔痛苦的負荷就會少一點點。允許他們一直說、一直說的人，真的會帶來差別。讓他們知道，你有興趣知道更多。

當你能夠承認亡者有多特別時，朋友也會視你為特別之人。大家對聯絡多寡的接受程度各有不同：每週、每天打電話或親自造訪，有必要時甚至每隔幾小時就與他們聯絡。答案較廣的開放式問題，會比只能回答對或錯的問題（如：「你很傷心嗎？」）更有效。或者說你正在想亡者，說出對方的名字，以這種方式開頭，接著讓朋友接手來聊聊亡者。

瑞貝卡的母親過世，我問她認為喪親之人的朋友應該要注意什麼。「開放你的心胸，願意聊聊死亡、亡者和失去。寫信或打電話時，別試著淡化失去，說出來，試著找到文字來描述你的感覺。倘若你的人生留下了缺口，把它說出口；倘若你為他們而心碎，說出口。讓他們也說出感覺，不要試著為他們整理感受。」

一位喪親的女兒凱蒂，進一步說明那種誠實。「我發現誠實很撫慰人心，也比較容易處理。偽裝太複雜了，需要一定程度的情感和社交詮釋，但我當時實在沒有那種能力。」

一名喪子的父親安東尼，也對我說過類似的話。「你不用因為我在喪慟，就把自己包裝成不一樣的人，做你自己就好。我正處在一個未知的地域，需要接觸熟悉的事物；我需要朋友當我的踏腳石或燈塔。」

失去父親的艾瑪，很清楚自己想要什麼。「人們常常貶低『純粹當個好朋友』這個舉動的價值，認為自己必須採取不一樣的行動來『治癒』你。他們不懂這麼做其實是在入侵你的心智空間，不只無法支持你，反而讓你開始在意自己過得不好、似乎需要治療。這一切只會讓你覺得，你必須假裝一切都沒事，才能讓他們不再試圖幫忙。」

艾瑪接著描述她認為一個人剛喪親時，友誼最重要的原則。「朋友應該讓你好好經歷正在經歷的痛，不要提供評語或意見，只在你需要時給你一個擁抱、一個可以靠著哭的肩膀、一個撫慰人心的存在。替你煮一鍋湯，和你一起坐著看電視，你則坐在旁邊靜靜地哭；不會試圖讓你停止哭泣，只握住你的手、偶爾輕輕捏一下。總而言之，不用你說出來，他們就能明白你只需要大哭一場，哭夠了、想睡了就會停止；知道他們沈靜地陪伴你，就能造成很大的影響。」

失去母親的蘿莎說：「有時我覺得我們內心都有一籃回憶與悲傷，每次能夠述說其中一則故事，重量就會減輕一點。我還記得母親死後，葬禮辦在倫敦郊外好幾公里的地方，路途漫長又難找。但一位從未見過我母親、我也認識不久的同事，特地請假參加葬禮。我不知道她會去，可是在三十六年後的當下，她的出席是我記得最牢、讓我最感動的事。這表示我回倫敦之後，可以找她聊一聊，分享我對母親過世感到的悲傷。這件事始終提醒著我，你永遠不曉得在人們喪慟時可以怎麼幫忙，但你必須不害臊地去嘗試。」

接受、諒解和鼓勵朋友當下的狀況，是非常珍貴的舉動。失去寶寶的佩妮說：「我還記得自己很難過，並說我很驚訝自己傷心依舊。我丈夫說，他覺得我可能一直都會為此難過，這將永遠讓人傷心。他這種諒解再次幫我接受所發生的事。」

這不是你個人的事

記得要跟隨喪親者的帶領，他們可能還不想談論喪慟，或者不想跟你聊。說些話承認他們的失去，但接著請讓他們有掌控權（畢竟他們對死亡沒有任何掌控權），選擇要不要談。如果他們請你過來，想放開心胸跟聊聊，就去吧；如果他們不希望你造訪、目前不想處理喪慟，也不要強迫他們。別把你自己發言、打電話或聯絡的需求，和朋友的需求搞混了。有些人就是必須花時間專注在亡者上，需要時間感受痛苦、進行喪慟。

瑞貝卡舉了個例子，顯示連最要好的朋友也可能幫不上忙：「我曾經請親友和我一起在特定的時間和地點『坐七』（猶太教的守喪傳統）。這些時間對其中兩位與我很親近的人不太方便，他們堅持那天要提早來，並在他們比較方便的地點見我。我真的不想要那樣，我擔心自己在幫小孩處理功課、準備晚餐時，會太情緒化甚至崩潰。我解釋了，但他們不在乎，還是過來找我；他們說到母親的死，提起所有我想暫時收在心裡的話題。顯然他們的拜訪，比較像是『做完』拜訪我的事項，而不是給我真正的慰藉。」

總而言之，如果你是朋友、真心想要幫忙，請謹記：這不是你個人的事，而是喪親者的事。

提問是個很複雜的學問，關鍵在於你提問的動機。別像拚命拉官司的律師那樣追根究底、問個沒完，你應該從朋友實際說出的話語延伸出提問；是探索、體諒、想瞭解更多他們經歷的問題，而不是想蒐集情報的侵入性問題。

多年前失去兒子的維琪，則說了我聽過無數次的話。「對正在喪慟的人來說，會造成創傷的許多事情之一，就是必須顧及那些不知該怎麼面對我們的人，這真的非常令人沮喪。我們很努力在熬過自己的災難，保存僅剩的一點點精力，卻還得幫忙彌補他們不恰當的行為。

這簡直太可笑，只是我們已經太痛苦，根本笑不出來。」

喪親者很快會接受到親友的尷尬感受，這時希望大家互動平順的社交禮儀便會冒出頭。然而如維琪清楚表達的，那會變成一種憤慨，在互動結束之後仍會久久存在喪親者的心中。

承認

死亡不會傳染，但是喪親之人可能會這麼認為，因為他們看見旁人眼中的恐懼。人們對於是否該靠近、該說些什麼、會不會說錯話深感害怕，到頭來乾脆都不說。這一切都是因為，我們相信無論自己說什麼，都該讓事情變好一點、顯露出能讓痛苦好過一些的智慧。你做不到，但你也不需要做到。表現得和善，敢承認他們的狀況，這樣就很棒了。

跟朋友說，有需要你就會過來。不過要他們打電話給你，對此時的他們來說可能太辛苦；由你主動聯絡，接著順從他們的意願，這樣會比較好。他們可能會想見你、跟你說話，也可能不想。通常人們不主動聯絡，是覺得自己和喪親之人還不夠熟，然而如果兩種方式都會出錯，寧可錯在主動聯絡。

朋友的生活圈中，有些人比較靠近核心，有些人則比較疏遠，但沒有什麼事是已成定局、永不會變的。悲劇之中可能形成友情，也可能喪失友情。不過，若希望沒那麼親近的朋友有動作，喪親之人有時可以打個小小的信號，或稍微推動一下，促使那個人靠近。前面我提到喪親之人不該是主動做出努力的一方，但這麼做有時能讓真正關心你的朋友靠近一些，允許他們為你的人生奉獻一己之力。

有些人刻意不願自己的痛苦被帶走，若遇到這種情形，你真的沒辦法做什麼，不過帶著同情與善意接近對方還是有幫助。首次見到某人時，單純說一句「很遺憾」就是最理想的方式，遠比尷尬地遠遠盯著對方來得好。

凱蒂雅的丈夫二十年前自殺身亡，她清清楚楚記得朋友當時如何回應。「在他死後，我從不覺得有人迴避我，而是察覺到人們對我展現的巨大善意、體貼與關愛。有時我覺得人們好愛他，仍以對待我的方式來反映對他的愛，到現在還是。我非常感激這份愛與善意，但同一時間、以及數個月之後，我也覺得全身的皮好像都被扒了似的，非常非常痛。我無法對任何人展現這一點……」

失去母親的艾倫告訴我，她覺得在母親死後，別人對她品頭論足，連個簡單的承認也沒有；父親死後則完全不同，朋友會承認並談論這個失去。「母親死後我回到工作崗位，沒人問我為何請假一週。勉強來說，我的同事變得很直接，建立起一種很奇怪、出乎我意料的新慣例，充當擋在我們之間的阻礙。我懷疑他們不只在偷偷擔心我突然崩潰，同情中還夾雜著批判。

「我母親不是因為年紀大而自然死去。她的死法不是正常父母應有的模樣，而是年紀輕輕便死於眾人排斥的酗酒問題，既可怕又糟蹋生命。三十年前，大家對這種死因所飽含的羞恥和批評毫不隱諱。有時我感覺落在我身上的批評與責難，就和落在母親身上的一樣多，我很少感覺如此孤獨。無論哪一種死法，父母過世就如喪失一隻手腳，是讓人失去平衡、重心不穩、天搖地動、徹徹底底被擊垮的事情。除非發生在你身上，否則不可能知道那種感受。

「許多年後，我父親也過世時，卻是截然不同的經驗。在他臨死的那九個月，我們的親密感更深刻，對彼此都很有益處。我們會討論愛、死亡、希望與恐懼，該談的都有談到。父親過世後那幾天，我鼓起勇氣和擁有相同經歷的朋友談，那種共同的感受、淚中帶笑所帶來的輕鬆感支持著我，任何東西都無法達到相同效果。」

實際的幫助

一位失去孩子的母親阿依莎告訴我，她的男性朋友都很不錯。「他們會經過我家，跟我說聲『妳好嗎？』偶爾在我嚎啕大哭時，待在我身邊。我喜歡被男人抱著，男人的力量正是我所需要的。」一位寡婦維琪則發現，男性友人會給她很棒的務實建議，或來家裡跟她兒子踢足球。男性朋友很喜歡被交代明確的任務。

然而，男人和男人湊在一起就可能「沒指望」了。一位鰥夫鮑比說：「男人不像女人那樣擅長談這些。我曾經和兩位男性友人吃過一頓很糟糕的晚飯，他們就是做不到；我五度提起太太的名字，他們連一次都沒回應。」五次的探詢和五次的否認，引發非常巨大的憤怒。我知道這種沈默絕對不是為了傷害或激怒對方，應該是來自於無能為力的不適，但如果你能鼓起勇氣傾聽，將會給予朋友充滿力量的禮物。

做些實際行動通常真的能產生差別。別說「如果我有幫得上忙的地方，儘管開口」，實際去做些有幫助的事。在喪親一開始，可能會有很多人圍繞在喪親之人身邊，此時送餐或許是你能做出最好的舉動。但是最初的危機過後還繼續送餐的人很少見，因此會讓人分外感激。無數的人告訴過我，他們非常感謝朋友確保他們有好好吃飯或幫忙打掃家裡，為他們打點好生活，因為他們當下完全無法正常過活。你可以為朋友預約按摩，或是幫忙照顧孩子——父母傷心到什麼事都做不了，孩子們的日子一定十分漫長。

我常常聽到一群朋友擬定值班表，輪流支持快要死去的朋友，或是失去配偶、父母、孩子的朋友。他們會輪流探視、陪朋友散散步、帶食物來。這種團隊的共同感格外有幫助。喪慟中的人常會擔心自己對朋友造成過多負擔，但如果他們認為是由一群人來分擔，通常不會那麼擔憂。

丈夫自殺身亡的寡婦安東妮雅告訴我：「親人自殺會讓你覺得被貼標籤。我走進一個房間，感覺大家會集體躲開，彷彿我患有痲瘋，或是自殺會傳染似的。我會想像他們偷偷低語：『她就是那個……』，還帶著一種樂在自己嚇自己的態度。在那些避不了的場合，例如運動比賽、懇親會和派對，人們的善心對我意義重大。於這些特殊的家庭日被其他家庭搭救，會有極大的差別。」

講述與亡者有關的事，或寄送亡者相關的影像，對喪親之人猶如獲贈黃金般的珍貴大禮，彷彿他們多保留住一分亡者的生平。鰥夫丹尼說：「人們送來我沒擁有的影像，讓我有更多時間與她在一起。和人聊天、聽他們告訴我一些我不知道的故事，能讓她繼續活著，因為我還沒準備好讓她走。」

表達幽默感很危險，可能會出很大的差錯，但如果你對朋友的認識夠深，分享一些趣事或許會讓氣氛輕鬆。大笑和大哭有時是非常相近的情緒，所以和朋友說笑時，別驚訝結果變成大哭一場，也不用為此擔心。

在對的時間跟對的人說起黑色幽默，可以讓人短暫脫離悲苦。失去寶寶的帕琵說：「有個朋友一直努力逗我笑。她不會逼我，只是偶爾傳些傻乎乎的影像過來，蠢到讓人忍不住笑出來。有個跟脫衣舞男相關的影片超級棒，你得親眼看過才知道有多好笑。他們搭著一首無厘頭歌曲的歌詞，在那邊旋轉、甩動自己的小雞雞，歌詞好像是『你喜歡我的啦啦啦……我的叮叮咚』之類的，偏偏他們又表演得異常認真。我把那支影片留在手機裡好幾個月，倒不是我愛看小雞雞，而是那真的太好笑，總能讓我露出笑容！」

我確定有些人不認同這種做法，但當我和別人聊起他們格外嚴重的壞消息時，我常會一直罵髒話。「那真是他媽的太糟了，可不？」或純粹罵一聲「靠！」我不太能解釋，但罵髒話不知為何就是能直指這件事糟糕透頂的核心，用不著搬弄贅言贅語或表示同情，有時那樣會被對方認為是在施恩惠、要人領情。此外，髒話也能命中某些心底無法宣洩的憤怒。

誠實

請誠實待人。誠實能夠撫慰人心且容易應付，具備一種清爽明快的特質，切穿喪慟的複雜與混亂，讓人們大大鬆口氣。另外，也要誠實表達你真正做得到的事，不要因為做不到又心生愧疚而掩飾。明確地說「我會來半小時」或「我星期二會來」，別說「你想要我來，我就會過來；叫我一聲，我就會出現」，結果發現你無法兌現承諾。

善解人意

誠實固然重要，善解人意也是，誠實到口無遮攔就不好了。珍妮的兒子死得突然又悽慘，她給我看一封電子郵件。第一行是「我一直掛念著妳……」，接著對方卻以雀躍欣喜的口吻，詳細描述她的孩子們過得多麼好。

當你聊到自己還活著的父母、伴侶或孩子時，請顧慮喪親者的感受，你的朋友可是面臨著親人過世。不要太開放地展現你的人生充滿快樂，那會像是把你的快樂建築在他們的痛苦之上。

長期支持他們

每個人都離開以後，試著繼續聯繫朋友、展現你的支持。通常在亡者過世三個月之後，大家都會回歸自己的生活，也該是如此，但喪親之人絕對還沒有結束喪慟。傳簡訊或順道探視能提供很大的支持。找我諮商的人常會說：「我覺得好寂寞。」喪慟讓人覺得寂寞，那些懷念、渴望、尋覓不著，叫人寂寞難忍。溫暖、關愛的人類接觸，有助於除卻那股寒意；雖不能驅離痛苦，但是與人連結、被人惦記的感覺，可以幫助你的朋友忍受痛苦。

死亡數個月後，人們不再保持聯絡的原因之一是，他們擔心會讓喪親的朋友想起寧可忘記的事。朋友或許當下不想和你聊，但他們肯定永遠不會忘記亡者。那件事佔據心思的時間，很可能比你以為的要久得多。

我和一位母親伊莉莎白聊過，她的兒子死於四十年前。她毫無疑問已經把生活過好，重新找回快樂。她說：「聽到他的名字，讓我產生暖意。我喜歡追憶，尤其是在他的生日或忌日等特殊的日子。」

一位兒子死於許多年前的父親保羅，也說了類似的話。「對我而言，喪慟是我接近喬治的一種方式，所以我不會逃避它。這是我的喪慟，但我不再害怕它，不像喬治剛死、那幾個黑暗的星期那樣害怕。」

寫信

信、卡片、簡訊或電子郵件，無論你用什麼寫，全都非常有幫助。然而你最好明講不需要回信，因為有些人就是做不來。此外，寄信永遠不嫌晚。事發許久之後收到一張卡片，會是很受歡迎的驚喜，因為這時其他人都已放下悲傷，但你的朋友其實還在喪慟。

可以試著把信寫得私密一些，避免那些令人厭煩的陳腔濫調，像是：「她擁有很棒的人生」或「愛過後失去，總比沒愛過好」。這些話太平庸，某種程度上甚至削弱了這位被深愛過的亡者獨特的重要性。你不需長篇解釋亡者為什麼死了，也不用寫下神學有關死亡的探索；表達愛與親暱，語氣溫暖、承認對方的失去就夠了。

阿卜杜跟我提起他收過的一封信。「裡面寫到我爸爸和他們記得的種種、他們最愛他的哪一點。我最喜歡的，讓就是他的搞怪或性格等逗趣事蹟——讓我又笑又哭的那些事；牢記在朋友的回憶中，讓他們喜歡他、記得他的那些事。」

簡訊不像電話那麼磨人，畢竟對方不必非要有回應。但我也要點出一個小地方，如果簡訊是你唯一的溝通形式，可能會讓人覺得太疏遠，若能偶爾進行比較直接的聯繫會更好。

喪親時，人們並不想去記誰沒打電話來慰問，或是誰說了冒犯人的蠢話。但他們還是會這麼做，也真的可能破壞日後關係。如果你能從他們眼裡看見沮喪，別逃之夭夭。深呼吸、鼓起勇氣說：「我很抱歉，看來我說的話讓你難過。」這樣就夠了。

喪親之人的需求可能差異極大。柯琳的母親過世，她說：「不要急著說亡者的遺風、怎樣會有幫助、或是可以怎麼解決之類的事。我覺得人們急著告訴我，她一直都在、我會感覺到她、她就在我身邊等等。我一開始什麼感覺都沒有，聽到他們這樣說讓我更難過……好像我有什麼問題，或我錯過了什麼似的。」

珍的年齡與柯琳相仿，母親也過世了，她卻說了幾乎相反的話：「我收到一封很能引起共鳴的信。『但這個悲傷的時期，將會轉變成快樂回想、慶祝她人生的時期。她也會活在女兒和孫子們心中，她的回憶刻在你們內心，就像是精神的ＤＮＡ。她或許不再活躍於你們的生命，但依舊與兒孫輩同在。人類的驚奇之處，在於生命會由那些繼續活著的人心中延續下去，所以她並非不在，只是以不同的方式存在。』我特別喜歡『不同的方式存在』這句話。這封信寫得真美。」

試著記住忌日與生日。哪一天並不重要，無論是亡者的忌日或平常開心的慶祝日，給朋友傳個訊息、簡訊、卡片，或去看看他們。在特殊節日子或對喪親的朋友格外艱難的日子，他們很可能非常敏感、內心混亂，覺得被排除在外，好像全世界都已向前走，他們的世界卻停止了，而且正好在一年前停止。在他們覺得被遺忘時記住他們，這雖是微小的表示，卻可能影響巨大。

朋友調適的速度

阿里說的這番話，許多個案都曾對我說過。「哀悼和療癒發生的速度非常個人、難以預測。你最能幫上朋友的事情，就是如果他們想慢慢來，就不要催；如果他們調適得很快，也別評斷。不管他們走到哪裡，守護著他們就好。」

母親活到十分長壽的雪倫也有相似的說法，但她強調喪慟永遠不會真正結束。「對我而言，我認為我的旅程最讓我驚訝的部分，是我花了好久才再次感覺到自己。我原以為我應該能夠很快放下，我猜很多朋友也是這麼認為。結果不是……我到現在還是偶爾需要聊這件事，而我母親已經走了十二年。」

我問一位喪子的父親，朋友如何能幫得上忙？他的回答顯示，人生和喪慟會一起前進。「若要記住喬治，我就得去那個地方，現在我在生日、忌日和一時興起時才去。我很喜歡有關他的事突如其來出現，那對我很好。」

某種程度上，在讀這本書的人或許已經不必讀這一章了。你可能是那種想知道如何能幫上忙的人，這想法本身就自動使你變得很有幫助。身為朋友的你，自然會小心翼翼又世故，善解人意到知道你不能預設立場，假定朋友想要或需要什麼，也明白對喪親之人來說，情況可能每小時都會改變，更別提每一天了。

我希望我能把聲音傳到另一頭，傳給那些不會直視喪親的朋友或熟人、無所不用其極避免提起亡者名字的人。我不確定要怎麼接近他們，但如果我可以，我會說：承認、傾聽，給他們時間。

03 英國有關死亡的歷史脈絡

英國社會對死亡的態度絕非固定不變，數世紀以來經過許多革新。中世紀晚期，許多人都曾親眼目睹死亡，莊嚴肅穆的儀式伴隨死亡而來；但是自二十世紀開始，人們卻大力否認、隱藏死亡。死亡得勝就代表醫學失敗，因此死亡變成終極禁忌。導致死亡相關儀式由盛轉衰的關鍵社會變遷，包括了宗教式微、二十世紀的世界大戰，以及醫學的發達。我們這個世紀正發展新的方式紀念亡者，對死亡的態度也出現全新變化。

維多利亞時代的人們擅長面對死亡到出了名，他們卻無法談論性；當代則恰恰相反。維多利亞女王喪慟亞伯特親王的方式堪稱最佳模範，她生前始終穿著寡婦的黑衣裳，連參加兩個女兒的婚禮也不換下。維多利亞時代的女性模仿女王，在丈夫死後穿上類似的服裝、舉行類似的儀式；家族成員以面紗和黑衣將自己與社會大眾區隔，藉此展現自己的喪慟。將死之人仍然非常看重宗教，他們通常希望能留時間給神父，與上帝私下對話。死後，葬禮在哀悼儀式中扮演很重要的角色，華麗的紀念性墓碑會被立起。

第一次世界大戰是歷史上頭一遭出現極大規模的殺戮。戰爭的可怖、七十萬名軍人喪生、全世界共一千七百萬人死亡，使英國上下為之驚愕。接著，一九一八年馬上又出現流行病，全國超過二十萬人死亡，全世界的死亡人數則達五千萬到七千萬。震驚與喪慟動搖了各界基礎，人人都在為某個所愛的人喪慟：兄弟、父親或兒子——大部分亡者是男性。維多利亞時代風行的種種儀式，例如將自己與社會隔離開來，在實務面和情感上都不再可行。人類的心理不可能承受數百萬人一起公開喪慟，於是本能的生存機制開始抬頭。

在第一次世界大戰存活下來的人，他們的孩子接著又參與、目睹第二次世界大戰，相關經驗形成信念體系。他們沒有看見父輩公開哀悼，便學會壓抑自己的喪慟，把喪慟緊緊封在心底。這一代對於死亡的哀悼儀式更為減少，社會各階層都沒得到有關死亡的教育。

經過兩次世界大戰的摧殘，基督信仰式微，變成醫學至上。擋在病患與死亡之間的人不再是神父，改由醫師接手。隨著抗生素與疫苗的發展，醫學預防了許多死亡，擊退過去殺死許多人的疾病。信念體系因此出現轉變，死亡不再被當成上帝的旨意，而是醫師的失敗。

在二戰之後四十或五十年出生的二十一世紀新興世代，心理上比較有安全感。當國家遭受威脅、正在大規模喪慟時，關閉情感或許有其必要，但現今並未出現大規模戰爭的威脅，於是我們和下一代似乎擁有喪慟的「奢侈」，能以不同的方式面對死亡。

我們對死亡的態度正逐漸產生另一種轉變。時至今日，罹患致命疾病的人通常會被告知自己即將死亡，親密的朋友與家人也比較能坦然討論死亡。過去十年來，人們越來越注重臨終照護和滿足個人需求。

少數人開始有興趣談論死亡，多虧了網路，這項興趣在全世界迅速散播。死亡咖啡館（deathcafe.com）便是一例，他們在三十四個國家中，共有將近三千個團體，宗旨是「提升死亡意識，希望幫助人們充分利用（有限的）生命。」有些聚會不大，有些則很大型。

線上通訊讓罹患致命疾病的人或家屬，能以數位方式交流他們面對死亡的經歷。重病的人通常行動或溝通不便，但他們多半仍有能力利用網路互動。線上互動的對象可能是家人，也可能來自世界各地，那些人透過部落格、推特和YouTube，每天或隨時更新想法與感受。

英國人出名的故作堅強性格開始慢慢軟化。害怕呈現軟弱、隱藏喪慟感受、不表達情感的那些人，開始有人為他們擔憂。人們開始瞭解，面對死亡和喪親時，展現自己的脆弱需要勇氣；這完全不是軟弱的象徵，恰恰相反。當然，這可能引發家族中不同世代間的緊張氣氛，年輕一輩對那些執意保持沈默、不釋出情感的父母或祖父母，可能產生憤怒的情緒。

社群網絡為年輕人開啟表達喪慟的新管道。以線上通訊方式紀念亡者，現在越來越受歡迎。葬禮和立碑等活動，也能在社群媒體上舉行；墓碑如今可以附上QR碼，掃描後就能上傳有關亡者的資訊。亡者的個人資料頁面成為一個可以自由表達喪慟的地方。

看到年輕人在葬禮上自拍，有些人可能會覺得很怪，但這是因為他們將葬禮看作是生活中的事件之一，需要以張貼自拍的方式獲得認同，這對他們而言再正常不過。臉書等網站在全世界都連得上，人們可以在忌日時發表貼文，藉此維繫與亡者的關係。社群媒體與網絡看來的確是這項變革的下一步，年輕人將以現代的方式記住深愛的人，他們對於失去的表達也讓人暖心。觀察這些進展，看看人們面對面或以網路互動的方式，是否會出現有意義的改變，將十分有趣。

歷史會形塑各個世代的性格。歷史事件影響生活在某個時期人們的經驗，塑造他們的信念體系。我們對死亡的儀式和反應看起來或許是既定成俗，但事實上，我們對於死亡的態度一直都在演變，不管我們願不願意。

後記

我喜歡有快樂結局的故事，所有困難都解決了，主角們開開心心步入彩霞，這些故事滿足了現實很少能實現的需求。這本書沒有整齊一致的結論，因為這些生命、死亡與喪慟的故事並不是小說，它們奠基於那些因所愛之人死亡而傷痛欲絕者曾有過的真實經歷。這些故事清楚呈現出，喪慟有自己的進程，我們的任務是想辦法表達它、支持自己度過它，並體認到它會隨時間改變，我們也會被它改變。

如果你已讀到這裡，你勢必克服了對這個主題所抱持的那種不情願感受。會不情願是很自然的，源於我們對死亡有種終極的無力感；無論我們是誰、有什麼故事，將來都會在某個時間接觸死亡。你已經明白，我們越是避免面對死亡，越讓它壯大來嚇唬我們。

身為人類，尤其是二十一世紀的人類，我們似乎力求完美與秩序，規避一切困難，死亡就在這困難名單的第一位。然而若持續否認死亡，我們也無可避免地否認掉生命的豐富。在內心最深處，我們知道愛的另一面就是失去，我們不可能有其一、而無其二。失去是人類必要的經歷，無論是失去青春或健康、結束快樂的一天或一段關係，當然還有深愛之人的死亡。可是為了真實地活著，為了充分體驗人生，我們必須接受這點。我們有時要接受不適，與痛苦共處，而喪慟是極致的失去，是我們經歷的所有心理痛苦中最巨大的一種。

你已經發現我沒有提供制式的解決方法，或任何快速的治癒方式。那當然會讓人更容易接受，也符合我們總是想要解決問題的慾望。不過我展現了許多不同的個體非凡的勇氣，他們找到方法忍受失去的痛苦，接受所需的支持，學習如何幫助自己重新展開人生。

看著這些人受苦，又無法確知他們最後發生什麼事，我明白這令人很困惑。他們都有出現進步的小小徵象，例如凱特琳的恐懼消退了。接著也都遇上轉捩點，例如雪莉兒終於能感受自己的失去，把臉埋進母親的圍巾哭泣，獲得釋放；例如菲爾與安妮特決定再生一個孩子；例如穆西充滿力量的超新星圖像。

每個微小時刻與隨之而來的轉折都立下基礎，幫助他們構築對未來的希望，重建自信的人生。他們體認到檢視死亡就和檢視人生一樣重要，現在他們的未來有了穩固的立足點，而且蓄勢待發，因為已完成喪慟這件困難的心理課題。如果命運女神對他們微笑，加上重燃起的希望，他們將持續在生命中成長——不一樣的人生，但仍是一個好的人生。

我沒有為他們詳細規劃要如何快樂，他們自己就能做得很好。我深信他們對自己曾如此愛過都深深感激。追憶亡者的同時，其遺風仍長存於他們心中，每位哀悼者都將從這個經驗成長。

我希望擁有足夠勇氣讀完這本書的你，會發現這些故事深具啟發，並以自信取代恐懼……

國家圖書館出版品預行編目（CIP）資料

悲傷練習 / 朱莉亞.山繆(Julia Samuel)著 ; 羅亞琪譯. -- 初版. -- 臺北市 : 商周出版 : 家庭傳媒城邦分公司發行, 2017.11
面 ;　公分
譯自 : Grief works : stories of life, death and surviving
ISBN 978-986-477-349-7(平裝)

1.悲傷 2.死亡 3.心理治療

176.52　　106019538

BO0275

悲傷練習

原書名／Grief Works: Stories of Life, Death and Surviving
作者／朱莉亞・山繆（Julia Samuel）
譯者／羅亞琪
責任編輯／李皓歆
企劃選書／黃鈺雯
版權／黃淑敏
行銷業務／周佑潔、石一志

總編輯／陳美靜
總經理／彭之琬
發行人／何飛鵬
法律顧問／台英國際商務法律事務所　羅明通律師
出版／商周出版
臺北市 104 民生東路二段 141 號 9 樓
電話：(02) 2500-7008　傳真：(02) 2500-7759
E-mail: bwp.service @ cite.com.tw
發行／英屬蓋曼群島商家庭傳媒股份有限公司　城邦分公司
臺北市 104 民生東路二段 141 號 2 樓
讀者服務專線：0800-020-299　24 小時傳真服務：(02) 2517-0999
讀者服務信箱 E-mail: cs@cite.com.tw
劃撥帳號：19833503　戶名：英屬蓋曼群島商家庭傳媒股份有限公司城邦分公司
訂購服務／書虫股份有限公司客服專線：(02) 2500-7718；2500-7719
服務時間：週一至週五上午 09:30-12:00；下午 13:30-17:00
24 小時傳真專線：(02) 2500-1990；2500-1991
劃撥帳號：19863813　戶名：書虫股份有限公司
香港發行所／城邦（香港）出版集團有限公司
香港灣仔駱克道 193 號東超商業中心 1 樓
E-mail: hkcite@biznetvigator.com
電話：(852) 25086231　傳真：(852) 25789337
E-mail：hkcite@biznetvigator.com
馬新發行所／Cite (M) Sdn. Bhd.
41, Jalan Radin Anum, Bandar Baru Sri Petaling, 57000 Kuala Lumpur, Malaysia.
電話：(603) 9057-8822　傳真：(603) 9057-6622　E-mail: cite@cite.com.my

美術編輯／簡至成
封面設計／柳佳璋
製版印刷／韋懋實業有限公司
經銷商／聯合發行股份有限公司　電話：(02) 2917-8022　傳真：(02) 2911-0053
地址：新北市 231 新店區寶橋路 235 巷 6 弄 6 號 2 樓

■ 2017 年 11 月 7 日初版 1 刷　Printed in Taiwan

ISBN　978-986-477-349-7
定價 390 元

城邦讀書花園
www.cite.com.tw